코넬리우스 밴틸의 개혁주의 변증학

스코트 올리핀트 지음

석기신 옮김

크리스챤출판사

Cornelius Van Til
and the
Reformation
of
Christian Apologetics

코넬리우스 밴틸의

개혁주의 변증학

스코트 올리핀트 지음
석기신 옮김

⛪ 크리스챤

Cornelius Van Til and the Reformation of Christian Apologetics
Copyright 2006 by Scott Oliphint Translated by permission.

Korean Edition
Copyright ⓒ 2011 by Christian Publishing House
Seoul, Korea

코넬리우스 밴틸의 개혁주의 변증학

2011년 2월 25일 1판 1쇄 발행

저　　자	스코트 올리핀트
옮 긴 이	석기신
발 행 인	류근상
발 행 처	크리스챤출판사
주　　소	경기도 고양시 덕양구 토당동 364 현대 107-1701호
전　　화	031) 978-9789
핸 드 폰	011) 9782-9789, 011) 9960-9789
팩　　스	031) 978-9779
등　　록	2000년 3월 15일
등록번호	제79호
판　　권	ⓒ 크리스챤출판사 2011
정　　가	6,000원

ISBN 978-89-89249-77-1

Cornelius Van Til
and the
Reformation
of
Christian Apologetics

By Scott Oliphint
Translated By Ki-Shin Suk

Christian Publishing House

목차

짧은 전기_9

서언_10

1. 세계관적 변증학_12

2. 삼위일체론적 변증학_28

3. 언약론적 변증학_46

결론_60

부록_62
왜 나는 하나님을 믿는가?_63

짧은 전기

개혁주의 사상에 미친 코넬리우스 밴틸Cornelius Van Til 박사의 근원적이고 철서한 중요성은 과장하기가 어렵다. 이렇게 그에 관한 글을 쓸 수 있는 기회로 말미암아 내가 밴틸 박사와 함께 개인적으로 혹은 그의 글들을 통해서 가졌던 여러 기억들이 되살아나게 되었다.

코넬리우스 밴틸 박사는 1895년 화란에서 태어났다. 10세 때 미국으로 이주하였고 미국 인디아나주의 농장에서 화란인들과 함께 살았다. 칼빈대학교를 거쳐 프린스톤신학교를 졸업하였으며, 프린스톤대학교에서 박사학위를 취득하였다. 프린스톤신학교에서 1년 동안 변증학을 가르치다가 1929년에 설립된 웨스트민스터신학교의 초대 교수의 한 사람으로 이후 47년간 변증학을 가르쳤다. 밴틸 박사는 1987년 4월 17일 주님의 품으로 갔다. 육신으로는 우리를 떠났지만 그의 영향력은 그리스도께서 다시 오실 때까지 교회 안에 머물러 있을 것이다. 토마스 아퀴나스Thomas Aquinas 이후 변증학 분야에서 그리스도의 교회에 이같이 엄청난 영향력을 행사한 인물은 없었다. 어거스틴Augustine과 칼빈Calvin처럼 밴틸Van Til은 당신의 교회를 향한 그리스도의 주장을 피력하였고, 이것을 진중한 신학도라면 무시해서는 안 된다.

서언

밴틸의 글을 읽고 있노라면 그가 철학도로서 변증학을 다루고 있는지, 아니면 변증학도로서 기독교 철학을 정립하고 있는 것인지에 대한 의문을 가끔 갖게 된다. 하지만 밴틸 자신에게 있어서는 어느 것이 그의 의도였는지 의심할 여지가 없었다. 밴틸은 자신을 무엇보다 먼저 한 사람의 신앙 변증가로 보았다.[1] 밴틸은 날카로운 철학자였을 뿐 만 아니라[2] 최고 대열에 선 신학자 중 한 사람이었고,[3] 따라서 밴틸 박사의 변증학은 그를 20세기의 개혁자로 구별시켜 놓았다.

진정한 개혁주의 변증학을 위한 그의 노력은 그 누구의 추종이나 경쟁자를 불허했다는 점은 주목할 만하다. 기독교 변증의 역사를 살펴 보건데 이 분야에서 아퀴나스 이후로 밴틸보다 더 많은 진전develop을 이룬 인물은 없었다.

---

1) Jerusalem and Athens (Nutley, N.J.: Presbyterian and Reformed Publishing Co., 1971)에 실린 Van Til의 "Response"의 348쪽을 보라.
2) "보다 철학적인" 각도에서 Van Til을 이해하기 위해서라면 Jerusalem and Athens, 23-127쪽과 Van Til의 A Survey of Christian Epistemology (Nutley: Presbyterian and Reformed Publishing Co., 1977) (이후로 SCE로 약칭함), 14-65 쪽을 보라.
3) 일례로 John Framed의 Van Til the Theologian (Chattanooga, TN: Pilgrim Publishing Co., 1976)을 보라.

이미 학문의 초기에[4] 밴틸은 기독교 유신론을 변호함에 있어서 "전통적"[5] 접근방법에 내재해 있는 문제점을 간파하기 시작했다. 처음에는 하나님과 계시의 사실을 배제시켜 놓고 있다가 나중에 은근하게 그것들을 들이대는 식의 기독교 사상이나 체계에 내재하고 있는 심각한 신학적이며 방법론적인 약점을 밴틸은 의식하고 있었다. 만물이 "주에게서 나오고 주로 말미암고 주에게로 돌아간다"[6]는 사실에 근거하여, 하나님이 모든 논쟁과 모든 증명 논증, 모든 토론, 모든 것이 존재하기 위한 궁극적 "이유reason"이어야만 한다는 개혁주의 신학의 철저한 통찰력과 그 적용을 밴틸은 자신의 변증적 방법에 직결시켰다. 이런 점에서 밴틸의 영향력은 이후 세대에서 변증학 분야에 관한한 "코페르니쿠스적 혁명"Copernican revolution으로 평가될 것이다.

---

[4] Van Til은 이미 박사 논문을 제출한 1928년부터 전제적인 방법을 전개하고 있었다. Westminster Theological Journal, Fall 1989에 실린 나의 논문 "The Consistency of Van Til's Methodology"를 보라.
[5] "전통적" 접근법이란 피조 실체 중 한 국면을 절대화하는 역사적 변증학 방법을 의미하는데, 예를 들어 이성를 절대화하는 경우 합리주의적 변증학이, 경험적 사실을 절대화하는 경우에는 증거론적(evidential) 변증학이, 그리고 위의 양자를 조화시킨 여러 형태의 아퀴나스적인 변증학이 있을 수 있겠다.
[6] 1977년 Christianity Today에 실린 Van Til의 개인 인터뷰에서 후대에 어떻게 기억되기를 원하느냐는 질문 앞에 Van Til은 "만물이 나오고, 말미암고, 돌아가는 그 분 앞에 성실했던 사람"으로 기억되기를 원한다고 하였다.

밴틸의 접근 방법의 큰 영향력을 세분화함에 있어 여러 유형들이 있을 수 있겠지만, 본인은 세 가지의 독특한, 하지만 밀접하게 연관된 관점에서 그의 사상을 접근해 보려 한다. 첫째는, 그의 변증학이 세계관적이라는 것이며, 둘째는, 삼위일체론적이라는 것이고, 마지막으로는 언약론적인 변증학이라는 점이다.

I. 세계관적 변증학 A Worldview Apologetic

밴틸 자신은 그의 세계관적 변증학이 산출하는 바를 아래와 같이 요약하고 있다.

> 우리 주위의 세상 지식에 관한 문제를 먼저 고찰한 후 하나님의 존재의 필연성이나 가능성을 하나의 토론 대상으로 보는 일은 우리의 할 일이 아니다. 하나님 존재의 필연성과 가능성의 문제는 처음부터 포괄적이어서 인간의 사고 자체를 가능케 하는 사실임을 알려야 한다.[7]

이런 포괄적인 입장의 배후에는 개혁주의 신학을 신봉한 밴틸의 모습이 숨어 있다. 기독 신앙의 변호를 위한 밴틸의 노력은 철저하였다. 전통적 변증학은 불신자에게 하나님을 이해하기 위해서 그 만드신 세상을 이해하라고 요구하는 반

---

7) Van Til, SCE, 116.

면, 개혁주의 신학에 입각한 밴틸은 말하기를 하나님이 세상에서 일어나는 모든 일을 주관하시고 우리는 그 안에서 기동하고 존재하는 이유 때문에 세상은 하나님과 관련되지 않고서는 올바르게 이해될 수 없다고 하였다. 합리주의적 변증학자는 불신자들이 이해하고 있는 존재, 본질, 무한성, 인과성, 모순율 등의 포괄적인 개념을 그대로 수용한다. 증거주의자들은 불신자들을 향하여 "사실들"을 잘 관찰하여 그 "증거"에 동의 할 것을 요구한다. 밴틸은 확신하기를 일반적인 존재, 본질, 인과성 등의 개념은 먼저 창조주의 존재, 본질, 사실, 증거 등을 전제하여야만 한다고 하였다. 재언하면 피조 세계의 사고와 생활 속에 그 어느 부분도 중립적인 요소가 없다는 것이다. 모든 인간은 하나님의 피조물이며 따라서 <u>인간 인정의 유무와 관계없이</u>, 모든 사고와 행위 그리고 언어는 하나님을 위한 것과 하나님을 반대하는 것으로 양분된다.

밴틸의 말을 빌자면 "천상천하에 이런 두 가지 대립되는 입장 사이에 마찰이 일어나지 않는 부분은 없다."[8] 이것이 바로 밴틸의 변증학을 다른 이들의 방법과 구별되게 하며 진정한 개혁주의적 색채를 띠게 하는 것이고, 따라서 밴틸의 접근법만이 진정한 개혁주의 신학의 적절한 적응이라 할 것이다. 예전부터 지금까지 그리고 앞으로도 세상에는 두 종류의 사람만이 존재한다. 흑암으로부터 불려냄을 받아 하

---

8) Ibid.

나님의 빛으로 인도된 까닭에 그 하나님을 알아 사랑하는 사람이 있는가 하면, 계시된 진리를 거부하며 창조주를 알면서도 미워하고 피조물을 섬기는 사람들이 있다(롬 1:18이하). 그리고 이 양자 사이에 제 삼의 인간은 없다. 진리를 향한 "정직한 구도자honest seeker"나 "혼란된 의문자confused questioner"도 없다. 세상에 의로운 사람은 한 사람도 없다. 하나님을 찾는 사람도 없으며 깨닫는 자도 없고 선을 행하는 자가 없다. 모든 이가 치우쳐 행하였다(롬 3:10절 이하).

전능하신 아버지의 주권적인 은혜로 사망에서 옮김을 받은 자들은 다가오는 진노에서 구원하신 하나님에 비추어 만물을 해석하기를 노력한다. 이들은 지식에 까지 새롭게 된 자들이며(골 3:10), 따라서 실제적으로 하나님과 세상과 자신들을 올바르게 알게 된 자들이다.

성경의 하나님 존재로부터 시작하는 밴틸의 변증학은 절대적으로 세상에 있는 모든 실제를 포함하고 있다. 창조된 만물들은 직접적으로 그리고 절대적으로 창조주와 상관한다. 그렇기 때문에 성경적인 관점에서 볼 때 소위 중립적 "사실fact"로부터 시작하여 "어떤 하나님a god"을 뽑아내려는 시도는 불충분한 것이며 이런 방법을 택하는 이들은 밴틸이 말하는 것처럼 "우선 '사실들'이 완전히 하나님과 독립해서 존재함을 보여 줄 수 있어야 한다."9) 밴틸의 "사실관"은 포괄적인 개념으로 경험적 사실뿐 아니라 합리적 사실들도 포함한다. 하나님을 배제한 인간은 자신이 관찰하는 사물에 의미를 찾을 수 없을 뿐 아니라(이는 전통적 변증학 접근법이 장려하는 일임), 존재의 사실 자체에 관해서도 의미 있는 대화를 할 수 없는 것이다. 이런 불신자에 관해 밴틸은 "그들이 말하는 '사실'의 존재는 하나님을 제외한 존재"라고 하였다.[10] "존재" 자체는(아퀴나스와 그를 추종하는 전통적 변증학자에게) 선험적 개념으로 다른 모든 개념의 기본으로 생각되었다. 그러나 밴틸은 집요하고도 끈질기게 "존재"라는 개념이 보다 기본적인 전제인 하나님의 존재를 떠나서는 생각될 수 없음을 지적한다. 철학에서 "존재"의 개념이 육체의 가시로 남아 있는 이유는 철학이 이 개념 자체에 인식론적 자율성을 부과했기 때문이다. 고로 파르메디데스Parmenides의 존재 이해나 헤라클리투스Heraclitus의 존재 이해에 별반 차이가 없으며 아퀴나스나 헤겔의 존재 이해에도 근본적인 곡해가 존재하고 있는 것이다. 하나님과 떨어진 어떤 사실을 인간이 상정한다면 그 사실은 결단코 올바로 이해될 수 없다. "성경이 배제된다면 그 어떤 사실도 설명될 수 없는 것이다."[11]

이상과 같은 이유로 밴틸의 변증학은 세계관적이라 할 것이다. 이런 일관성 있는 개혁주의 변증학에서만이 우리는

---

9) Ibid., 122.
10) Ibid., 117.
11) Ibid., 125.

하나님이 없는 "존재", "이성", "증거" 혹은 "원인"이 있을 수 없음을 알게 되며, 따라서 "모든 것"은[12] 성경의 하나님을 전제할 때만이 가해한 것임을 깨닫게 된다.

이런 철저한 밴틸의 세계관적인 접근법은 특별히 개혁주의적 신앙인들이 거부하기 힘든 일이다. 개혁주의 신학은 하나님이 모든 것, 모든 사실, 모든 존재의 근원임을 항상 주장해 왔다. 문제는 밴틸이 그의 변증학을 일관성 있게 적용시키는 일에서 일어나는데 이런 세계관적인 변증학의 적용성을 놓고 신학자들과 변증학자들 사이에서 큰 논란이 있어왔다. 특히 인간의 이성 문제에 대한 밴틸의 입장을 둘러싸고 논쟁이 일어났다.

밴틸에 따르면 "이성과 계시는 지식의 두 근원으로 대조되어서는 안 되는" 일이었다.[13] "여러 사실들 중의 하나의 '사실'인 이성은 그 자체가 계시적이다."[14] 밴틸은 이성을 그의 포괄적인 세계관적 방법 아래에서 보았다. 하나님은 모든 사건의 계시자이며 주체이시다. <u>근본적인 문제는 이성</u>

---

12) 여기에서 "모든 것"이란 넓은 의미로 자아를 포함한 모든 사실의 의식뿐 아니라 우리가 관찰할 수 있는 사실들도 포함한다. 이는 스토커(H. G. Stoker)가 쓴 Van Til의 인식론에 관한 훌륭한 논문인 "Reconnoitering the Theory of Knowledge of Prof. Dr. Cornelius Van Til" in Jerusalem and Athens에서 비롯되었음을 밝힌다.
13) Van Til, SCE, 123.
14) Ibid., 124.

이 하나님으로부터의 변혁이나 상관이 없이 독자적인 역할을 할 수 있느냐는 것이다. 만일 이것이 가능하다면 불신자에게 경험적인 혹은 개념적인 어떤 사실에 호소하면서 이로부터 하나님 존재의 사실도 이성적으로 도출할 수 있음이 가능해 진다. 이런 각본에서 볼 때 이성의 역할은 계시와 마찰되지 않고 성경에 기록된 하나님의 계시로 우리를 인도하는 일일 것이다. 나아가 신자는 불신자와 더불어 하나님의 존재를 증명할 수 있는 적법한 이성적 과정을 함께 나누게 될 것이고, 따라서 이성은 신자와 불신자간에 anknupfungspunkt,[15] 즉, 접촉점the point of contact이 될 것이다. 이와 같은 입장은 불신자에게 그럴듯한 반응을 불러일으킬 수 있을지 모르나 성경에서 요구하는 변증학적 명령에는 위배되는 일이다(벧전 3:15). 이상과 같은 이성관을 지지하는 사람은 그 사람의 신학적 입장에 따라 아래에 열거하는 두 가지 중 하나에 동의하게 될 것이다.

---

15) Westminster신학교에서 가르치던 Van Til이 한 날 그의 수업시간에 그날에 치르기로 자신이 공고한 중간고사를 까맣게 잊어버리고 강의실에 들어서게 된 적이 있었다. 시험문제를 준비치 못한 Van Til은 칠판에 "Anknupfungspunkt"라고 적고 이에 관해 논하라는 즉석 시험 문제를 준 일이 있는데 이는 Van Til의 변증학 속에 "접촉점"의 문제가 얼마나 중요한 위치를 차지하는지에 대한 일화가 된다. Van Til의 변증학에서 접촉점은 "이성"이나 "사실"이 아니라 모든 사람이 소유하고 있는 신지식이다 (롬 1:18-20).

첫째, 일종의 하나님으로부터 독립을 의식적으로 주장하는 알미니안주의적인 형태에 의하면 인간 이성은 최종 중재자로 등장하게 되며 하나님의 계시가 권위적인지 혹은 하나님의 구원이 받아질 수 있는 일인지 아니면 하나님의 성품이 가해한 일인지 등에 대한 문제가 인간 이성에 호소함으로 판결된다. 이와 같은 일은 모든 것을 간섭하시는 하나님을 제약하는 유(類)의 신학에서 끊임없이 발견된다. 만일 하나님께서 알미니안주의가 주장하는 것처럼 구원 문제에서 주권적이지 않다면 그는 인간의 사고와 생활 문제에서도 주권적일 수가 없게 되며 이런 종류의 신학 체계에서는 자율성이 인간 이성의 과정을 압도하게 된다. 여기에서 근원적인 문제는 중립성neutrality이 곧 자율성autonomy을 의미한다는 것이다. 자율성은 신율성theo-nomy과[16] 상반되며 악한 일이다.

둘째, 개혁주의적 서클에서 팽배한 일인데 곧 합리주의 혹은 이성의 절대화의 문제이다. 여기에서는 전능자 이성을 타락한 인간의 마음으로부터 분리시켜 하나님이 정말로 세상에 자기를 계시하였는지에 대한 최종적 권위를 임의적으로 이 이성에 부과한다. 이런 독단적인 주장의 일례로 한 개혁주의 신학자의 말을 빌려보자.

---

[16] 여기에 본인이 theo-nomy라고 하이픈을 한 것은 미국에서 유행하는 신율주의(theonomy)의 한 지류인 재생운동(reconstructionist movement)과 구별시키기 위함이다. 이들은 Van Til을 그들의 신학적 지도자로 꼽고 있으나 Van Til 자신은 그들의 운동에 가담하거나 동조한 일도 없다.

마음의 한 기능인 이성은 공정한 심판자이다. 이성은 이교나 기독교에 모두 공정하다. 이성은 그 자체에 내용을 갖지 않고 있다. 이성은 단지 명제들의 일관성과 조직성을 판단하는 수단에 불과하다.[17]

여기 인용된 신학자는 계속되는 그의 글에서 위와 같은 자신의 견해를 뒷받침하기 위해 신학적이거나 해석학적인 논지를 펼치기 보다는 아리스토텔레스의 논리학을 인용하고 있다는 점을 밝혀둔다. 아리스토텔레스의 형이상학 제4권이 성경의 권위만큼 중요성을 가지고 있는 것이다. 이들은 성경이 신비로 가득한 책임을 지적하면서도 이런 신비는 이율배반적이 아니라고 주장한다. 그들에 따르면 "이런 신비들이 논리적이고 일관적이며 조직적이라는 사실 이외에 이 신비들을 이해할 수 없다"고 한다. 그들은 "하나님도 순수한 모순성bona fide contradiction을 풀 수 없음"을 확신하고 있는 것이다.[18]

이렇게 합리주의적 절대화에 산재한 문제는 개혁주의적 혹은 밴틸적인 견해에서 볼 때 심각한 것이다. 이런 유(類)의 이성관에 있는 근본적이며 중차대한 문제는 하나님 자신의 성품, 보다 분명하게는 창조주와 피조물의 구분과 관계된 것이다.

---

17) R. C. Sproul, "The Rational God of Our Reasonable Faith," Eternity, April 1988, 60.
18) Ibid.

하나님이 순수한 모순성을 해결할 수 없다고 할 때 우리에게 있는 질문은 "왜?"일 것이다. 만일 논리가 스스로 지닌 성격 때문에 하나님도 이에 복종해야 한다고 할 것 같으면 이런 결론에 우리는 절대로 동조할 수 없다. 논리 역시 하나님을 제외한 모든 것과 마찬가지로 창조된 것이다. 모든 피조물들은 절대적으로, 완전히, 그리고 철저하게 그 창조주 아래 예속되며 그와 동등할 수 없다. 예를 들어 논리는 빛과 같이 그 창조주를 반영할 수는 있으나 그 위에 월등한 그 무엇으로 존재할 수는 없는 일이다. 바로 이것이 합리주의적 사고가 갖는 근본적인 문제점이라 할 수 있다.

합리주의에서 언급되는 "논리logic"라는 개념은 항상 인간의 논리와 하나님의 사고 사이에 있는 근원적 차이를 배제한 채 사용된다. 논리를 정신의 주님으로 삼는 사람들은 주님과 논리를 구분하는 일에 실패한 자들이다. 하나님이 순수한 모순성을 해결할 수 없다고 할 때 그것이 인간에게 모순적인지 아니면 하나님에게 모순적인지 아니면 양자에게 동시에 적용된 말인지를 물어보아야 할 것이다. 인간에게 모순적이라면 하나님에게도 모순적이라는 사실을 증명하기 위해 어떤 척도를 두어야 하는가? 인간이 모순적이라고 증명할 수 있는 모든 것이 하나님에게도 사실상 모순적이라고 할 수 있는가? 인간이 모순성 문제를 해결할 수 없다는 불가능의 사실이 하나님도 동일한 불가능을 소유하고 있다는 것을 의미하지 않는다. 한 가지 신학적 예를 들어보

자. 합리주의자들은 집요하게 "본질에 있어 하나요, 위에 있어 셋one in essence, three in person"이라는 전통적 삼위일체 교리를 받든다. 올바르게 이해될 때 이런 공식은 내적 삼위의 관계를 우리에게 설명해 준다. 그러나 "위에 있어 하나요, 위에 있어 셋one in person, three in person"이라고 말한다면 과연 이 공식이 성경적일까? 밴틸은 그렇다고 말한다.[19] 밴틸은 더 나아가 말하기를 우리가 이렇게 모순적인 방법으로 하나님을 설명하지 않는다면 이런 위대한 "여호와I AM"를 비인격주의impersonalism로 몰아넣는 것이라고 한다. 삼위의 관계가 본질로만 설명될 때 하나님의 다양성은 인격적인 반면 하나님의 통일성은 비인격적인 것으로 남게 되기 때문이며 이런 설명은 성경적으로 합당치 못한 것이다. 따라서 "본질에 있어 하나임은 위에 있어 하나"라고 말하는 것은 성경적인 표현이다. 밴틸은 여기에서 헤르만 바빙크 Herman Bavinck를 인용한다. "각 위는 하나님의 전체 본질과 동등하며, 다른 두 위와 서로 접경한다co-terminous."[20] 바빙크가 여기서 주장하는 바가 바로 밴틸의 요점인 것이다. 인간의 논리가 가진 제한성 때문에 하나님도 삼위일체 교리

---

19) Van Til, "An Introduction to Systematic Theology," In Defense of the Faith, (이후로 IST로 약함), Vol. V (Phillipsburg, N.J.: Presbyterian and Reformed Publishing Co., 1974), 229.
20) Ibid. Herman Bavinck, Gereformeerde Dogmatiek Vol. II, 311, "Elk persoon is daarom gelyk aan he gansche wezen en evenveel als de beide endere of als alle drie saam."

의 모순적 요소를 해결할 수 없다고 할 수 있겠는가? 논리가 성경뿐 아니라 하나님의 성품도 결정하기 때문에, 성경은 한분 하나님의 절대적 인격성을 가르칠 수 없다고 하겠는가?[21] 그렇다면 논리는 우리를 성경 자체의 가르침에 대해 모순으로 이끌어 가게 된다.

논지상 하나님이 그 속성의 하나로 논리성을 소유한다고 할 때,[22] 이 말이 뜻하는 바가 하나님도 이해를 위해선 실체와 자신을 분석하고 평가해야 한다는 뜻일까? 하나님이 다른 것들로 부터 자신을 분리시키기 위해 논리가 "필요"한 것일까? 만일 그렇다면 하나님의 논리는 영원한 필연성이 아니라 시간적인 국면일 것인데 왜냐하면 "모든 다른 것들"이 부재한 시간이 존재했었기 때문이다. 어떻게 무한하고 영원한 하나님이 사고 과정을 돕기 위해 구성된 도구를 사용할 수 있겠는가?

이 모든 것은 하나님이 자신에 대해 불합리하거나 일관성이 없다는 것을 말하는 것이 아니다. 하나님에게서 "논리"

---

[21] 보다 상세한 토론을 위해 Van Til the Theologian, 14 이하를 참고하라.
[22] 신학자들과 변증학자들이 하나님의 논리를 자주 언급하지만 그것이 어떤 것인지에 대해서 본인은 적절한 설명을 듣지 못했다. 하나님은 자존하심을 생각하시고 생각하심이 곧 자존하심인 까닭에 그에게 논리란 삼위일체적인 결말을 포함하는 것이고 따라서 인간의 논리와는 그 무한성, 영원성, 포괄성에서 뿐 아니라 다른 상당한 차이가 있는 종류일 것이다.

나 "합리성"은 하나님 자신의 존재와 일관성이 있으며 다른 외부의 어떤 원리에 귀속되지 않음을 의미한다. 논리성이 하나님의 성품이라면 하나님은 자신의 속성에 따라 움직이시기를 기뻐하시는 까닭에 합리적이고 논리적으로 행동하실 것이다. 하나님은 항상 자신에 비추어 움직이신다. 하나님은 자신에게 일관하시며 따라서 이런 의미로 "논리적"인 것이다. 합리주의자가 알아야 할 중요한 문제는 밴틸이 강조하는바와 같이 하나님의 "논리"와 인간의 논리 사이에 있어야 하는 특징적이고 필연적인 구분을 두어야 하는 점이다. 하나님이 자신에게 일관하신 까닭에 인간도 인간 자신이나 논리가 아닌 하나님에 대해 일관하여야 하는데 이는 논리성이 아닌 하나님이 인간의 최종 근거점이기 때문이다. 기독인 특히 변증학자에게 가장 근본적인 문제는 논리성이 피조된 것인지 아니면 창조자인지를 따져보는 일이다. 이는 근본적으로 우리가 어떤 신론 혹은 창조론을 가지고 있느냐에 좌우되며 논리성의 정확한 정의가 창조주와 피조물 사이의 구별에 기초하고 있음에 좌우된다. 밴틸적인 수학관에 관해 논문을 쓴 한 학자는 말하기를 "만일 우리가 창조 세계의 한 부분을 하나님과 동일시하거나 하나님의 한 부분을 창조 세계와 동일시한다면 우리는 심각한 우상숭배의 죄를 범하게 되는 것이다"라고 했다.[23] 그러므로 순수한 논리성을 그들의 궁극적 전제로 삼으려는 이들은 위험하게도 우상숭배의 오류로 빠져들고 있는 것이다.

---

[23] Vern Poythress, "A Biblical View of Mathematics," Foundations

하나님은 인간이 창조주와 세계를 이해하기 위해 논리의 사용을 필요하도록 인간에게 교통하신다. 이런 점에서 밴틸은 "삼단논법적인 논리syllogistic reasoning의 과정을 이용하지 않고는 성경에 계시된 그리스도를 통한 하나님의 계시에 대해 그 누구도 분명히 말할 수 없다"고 했다.[24] 밴틸은 이를 이어 세계관적인 입장을 다음과 같이 피력한다.

> 성경의 그리스도를 통한 하나님의 계시를 분명히 전하는 것, 특별히 자연인에게 죄를 회개하며 그리스도를 통해 용서를 받을 것을 전하는 그런 논리(삼단논법적 논리)는 그리스도의 말씀이 절대적 권위라는 전제에 복종하여야만 한다.[25]

"이성reason"이 정말 내용이 없는 비도덕적인amoral 공정한 판결자일까? 이런 주장을 증명하는 일은 사실 흥미로운 일이다. 정말 이성은 그 자체에 내용이 없고, 사용하는 인간에 따라 달라지는 그런 중립성을 지닌 것인가? 그렇다 손치더라도 우리에게 있는 숙제는 과연 인간이 우주의 하나님께 자신을 복종시키는 사람인지를 따져야 할 것이다. 타락한

---

of Christian Scholarship: Essays in the Van Tilian Perspective, edited by Gary North (Vallecito, Ca: Ross House Books, 1979), 168-188. 이 논문은 우리가 지금 생각하고 있는 주제와 관련성이 깊으며 Poythress는 수학을 하나님의 의, 계시, 지식에 기초시키고 있다. 그렇다면 논리도 그렇게 되어야 할 것이다.

24) Cornelius Van Til, The Sovereignty of God (Nutley, N.J.: Presbyterian and Reformed Publishing Co., 1957), 27.
25) Ibid.

인간의 마음에 있는 이성이 얼마나 중립적일 수 있을까? 그 창조주에 대해 다른 마음을 품고 있는 인간의 이성이 얼마나 그 판단에 있어 공정할 수 있을까? 이성과 논리의 원칙들은 객관적으로 나열될 수 있지만 그것을 사용하는 타락한 인간의 마음 때문에 <u>결단코</u>never 객관적으로 적용될 수 없는 성질의 것이다.

합리주의자들의 이성관은 변증학적 방법론에서도 제한적이다. 이성의 자율성과 중립성을 주장하는 이들은 결국 이성이 갖는 합리성에 호소함으로 기독교 신앙을 변호하게 되는데 여기에는 변증학적인 접근법을 제한시키는 합리주의의 합리화가 있게 된다. 즉, 합리주의자는 그들의 논지를 증거로부터 시작하기를 꺼려하여 이성으로부터 출발한다. 그들은 "-주의-ism"에 호소함으로 그 출발점을 정의하려 한다. 합리주의의 출발점은 이성<u>이어야만</u>must be reason하며, 증거주의의 출발점은 증거<u>이어야만</u>must be evidence하고, 아퀴나스주의의 출발점은 아퀴나스(배후에는 아리스토텔레스와 플라톤이 있음)[26]<u>이어야만</u>must be Aquinas한다. 이런 관점에서 볼 때 대조적으로 밴틸의 변증학이 세계관적이라는 주장의 타당성을 알 수 있을 것이다. 밴틸의 접근법에 의하면 우리는 불신자와 <u>어떤 면에서도 출발할 수 있으며 어떤 점에서라도</u> 그를 도전할 수 있는 것이다. 논리성을 하늘처

---

[26] 아퀴나스적인 변증학을 추앙하는 사람은 아퀴나스처럼 먼저 "존재"를 사물의 본질에 의해서만 제약되는 선험적 개념으로 정의한

럼 여기는 자들에게서 밴틸은 변증적이고 불합리적이며 반논리적이라고 비평의 대상이 되어왔다. 그러나 실상 밴틸은 기독인만이 논리적일 수 있음을 주장한다. "반신론자들은 사실 모순율을 거부하는데 이 모순율의 기초 자체가 하나님에게 있기"때문임을 밴틸은 지적한다.27) 불신으로부터 시작되는 하나님에 대한 반감을 밴틸은 다음과 같이 잘 의식하고 있다.

따라서 모순율이 의미하는바가 무엇인지 설명하지 않는 한 기독인이 비기독인에게 기독교가 모순율에 상응한다고 말하는 것은 쓸데없는 일이다. 왜냐하면 비기독인이 모순율로 의미하는바가 기독인의 것과 완전히 상반되기 때문이다. 비기독인은 창조를 믿지 않기 때문에 모순율도 다른 법칙과 마찬가지로 하나님의 창조적 활동에 궁극적인 근원을 두지 않는 것이다.28)

하나님 자신에 기초하며 (논리를 포함한) 만물을 있게 한 그리스도에 의해 구속된 기독인은 창조된created 실제들과 아울러 창조된 논리적 법칙들을 사용use할 수 있는 것이며29) 기독인은 진정한 의미에서 논리의 진수를 사용할 수 있는

다. 이러한 소위 실존적 형이상학은 아퀴나스의 "다섯 가지 방법 (five ways)"의 배후에 전제가 된다.
27) Van Til, IST, 37.
28) Ibid., 256.

것이다. 불신자가 그들의 논리성을 주장한다면 우리를 그들에게 창조주와 떨어진 논리 사용의 일치성에 대해 반박하거나 그들 논리의 근거에 대해 반문해야 한다.

밴틸의 세계관적인 변증학은 합리주의자늘에 대항할 수 있는 우리의 반론뿐 아니라 증거주의자들의 변증학적 방법론에 대해서도 문제점을 지적케 한다. 불신자들은 고고학이나 역사에서 발견되는 기독교적 입장의 사실들이나 증거물에 대해 이의를 제기할 수 있다. 이에 대해 기독인은 이렇게 답할 수 있을 것이다.

> 역사적 탐구의 모든 영역은 그것이 직접적으로 성경과 관련된 고고학이든지 아니면 일반 역사이든지를 막론하고 기독교의 진리성을 확증하도록 되어있다. 그러나 나는 비기독인이 의미하는 사실의 철학을 폭로하지 않은 채 그들과 함께 끝없이 사실들에 관해 논하지 않을 것이다. 진정한 열매있는 <u>역사적 변증학은</u>fruitful historical apologetic 모든 사실이 기독교 유신론 체계의 진리를 증명하도록 <u>되어 있고</u>is 또 <u>되어야만</u>must be 한다.30)

---

29) Van Til적인 측면에서 긍정적인 논리의 위치에 대한 훌륭한 논의로는 John M.Frame이 쓴 <u>The Doctrine of the Knowledge of God</u> (Phillipsburg, N.J.: Presbyterian and Reformed Publishing Co., 1987), 242-254를 참고하라.
30) Cornelius Van Til, <u>A Christian Theory of Knowledge</u> (Nutley, N.J.: Presbyterian and Reformed Publishing Co., 1977), 293. Van Til이 여기에서 <u>의미 있는 역사적 변증학</u>을 인

만물이 인격적 하나님에 의해 창조되고 지속되고 있다는 성경적 가르침을 믿는 한 우리는 사고와 생활의 모든 부분에서 불신자들의 불신을 지적하고 도전하여야 하는 것이다. 이것이 바로 변증학의 세계관적 접근이라 하겠다. 그리스도는 통치하시는 만유의 주이시다. 따라서 만유는 하나님 안에서 기동하고 살며 존재하는 사실을 알면서도 거부하는(롬 1:18이하) 사람들에게 반대될 수밖에 없다. 성경은" 논리와 이성과 증거를 포함한 "모든 사실all facts에 관한 궁극적 진리truth를 선포하고 있다."31)

II. 삼위일체론적 변증학 A Trinitarian Apologetic

밴틸의 변증학이 삼위일체Triune 하나님으로부터 출발begins한다는 일은 주의 깊게 고려해야 할 사항이다. 아퀴나스와 그의 추종자들은 하나님의 삼위-일체성Tri-unity으로부터 변증학을 시작하지 않는데 이는 삼위일체의 진리가 "인간이성의 능력을 능가"32)하기 때문이다. 또 한 번 우리

정하고 있다는 점을 주의하라. 이는 Van Til이 역사적 변증학의 가치를 무시한다고 비평하는 이들의 의견과 상반된 것이다.
31) Van Til, SCE, 124.
32) Thomas Aquinas, <u>Summa Contra Gentiles</u>, Book One: God, translated with an introduction and Notes by Anton C. Pegis, F.R.S.C. (Notre Dame: University of Notre Dame Press, 1975), 63.

는 기독교를 성경적으로 변증하기 위해 이성을 올바로 정의하는 일이 얼마나 중요한지를 보게 된다.

아퀴나스에 의하면 "하나님에 대한 우리의 고백에는 두 가지 양상의 진리가 있다."[33] 하나는 계시의 도움 없이 지연적 이성으로 증명할 수 있는 진리들로, 예를 들자면 "하나님이 존재하며, 그 하나님은 한분이라는 것과 같은 것들"이다.[34] 다른 종류의 진리는 이성을 초월하는 것인 까닭에 하나님의 계시의 보충적 도움이 필요한 것들이며, 이 보충적인 도움은 이성으로부터 도달되는 것과 상반되지 않는다. 아퀴나스는 말하기를 두 가지 상이한different 진리가 있는 것이 아니라 두 가지의 인식방법이 있다고 한다. 하나님의 삼위-일체성은 인간 이성의 능력을 넘어서는 진리에 속하기 때문에 아퀴나스는 삼위일체의 진리를 그의 기독 변증학에서 주장하지 않고 있는 것이다.[35]

반면 밴틸은 그의 변증학을 성경의 삼위일체 하나님으로부터 시작한다starts. 밴틸은 먼저 어떤 하나님의 일체성을 증명한 이후 이 하나님의 삼위일체 되심three-in-oneness을 나타내는 길을 택하지 않는다. "이성Reasson"으로 어떤some 하나님이 어디엔가somewhere 존재한다는(실상 거짓인) 반쪽

---

33) Ibid.
34) Ibid.
35) Ibid.

진리를 가져오는 추론의 방법에 대해 밴틸은 민감하게 반응한다.

> 삼위일체 교리는 [창조] 실제가 독특하게 영원의 범주에서 해석되어야 함과 다양성의 근거도 삼위일체에 속하며 하나님을 능가하는 세계에서는 절대로 발견될 수 없음을 가르친다.36)

밴틸이 의미하는 바는 이것이다. 통일성/단일성unity과 다양성/복수성diversity의 문제는 철학과 변증학의 역사에서 육체의 가시 가운데 하나로 남아 있어 왔다. 통일성을 복수화하지 않고 다양성을 단일화 하려는 철학에서의 시도는 실패로 끝났다. 기독교 철학자인 토마스 아퀴나스가 의식적으로 그의 논증을 삼위일체 하나님으로부터 시작하기를 거부한 일은 이런 실패의 좋은 일례가 된다.

아퀴나스는 이런 단수와 복수the one and the many의 문제를 잘 의식하고 있었다. 아퀴나스에게 있어 단수성(통일성)은 복수성(다양성)보다 더욱 형이상학적, 인식론적 우선성을 가져야 했다. 아퀴나스에 의할 것 같으면 어떤 사물의 본질을 이해하기 위해 인간은 그 관찰하는 다양한 양상들을 지성을 통해 조직화해야 하는데 존재란 우주에 있는 사물들에 다양하게 펼쳐있기 때문이다. 존재는 사물의 본질에 의해서만 제약되는 선험적인 개념인데 이는 존재가 모든 부류

---

36) Van Til, SCE, 96.

를 포함함으로 그것을 초월하기 때문이다. 그러나 사물을 인식하기 위해 인간은 지성을 통해 자신의 주위에 산재한 다양성을 통일시켜야 한다. 이성이 하는 일은 이런 다양성을 통일시킴으로 어떤 사물에 대한 인식을 가능케 하는 것이다.

아퀴나스에 의하면 진리와 지식은 우리의 사고 행위에서 사고 밖에 존재하는 것과의 내재적 접목adequation이다.[37] 따라서 인식의 과정에 있어 이성이 하는 일은 감성적 실재(다양성)로부터 실재 가운데는 존재하지 않는 통일성과 같은 것을 추론하는 것이다. 아리스토텔레스적인 용어를 빌리자면, 마음속에서 비물질적으로 존재하는 형상은 질료로 부터 추상화되어 질료와 동일하지 않은 유추성을 갖게 되는 것이다. 아퀴나스에 있어 형상이란 실제적인 것으로 지식을 가능케 한다.[38] 그래서 이성을 통해 실제의 다양성에 통일을 시도하기 위해 아퀴나스는 다음과 같이 말한다.

---

[37] Jacques Maritain, Existence and the Existent, translated by Lewis Galantiere and G.B. Phelan (New York, NY: Belgrave Press, 1948), 11.

[38] Etienne Gilson, The Christian Philosophy of St Thomas Aquinas, translated by L.K. Shook (New York, NY: Random House, 1956), 31.

> 그럼에도 보편적인 성격이 자연에 속했다고는 말할 수 없는데 이유는 공유성과 통일성이 보편적 성격에 속해있기 때문이다 …공유성이 인간의 개념에 포함되어 있다면 그 공유성은 인류가 있는 곳에서 마다 발견될 것이다. 하나 이는 사실이 아닌데 이유는 소크라테스라는 개인 속에 공유성이 발견되지 않기 때문이다. 오히려 소크라테스에게 있는 모든 것은 개별화 되어 있다.[39]

인식론에서 통일성과 다양성의 숙제는 아퀴나스의 실존적 형이상학을 고려할 때 더욱 부상한다. 그에 의하면 인간의 마음속에 있는 보편성은 개별적인 질료에 있는 것이 아니며 개별적인 질료에 존재하는 것은 개별화 되지 않고 보편화되어 있다. 그렇다고 할 때 마음(이성)과 실제를 연결시킬 수 있는 가능한 길이 없게 된다. 비물질적이며 불변적인 인간의 마음에 있는 것이 물질적이며 가변적인 실제에도 있다는 사실도 알 길이 없게 된다. 아퀴나스를 따른다면 사물에 대한 지식을 설명할 길이 없는 것이다.

아퀴나스가 갖는 문제는 신지식을 위한 그의 설명에서도 동일하게 나타난다. 그에 의할 것 같으면 하나님은 그 안에서 본질과 존재가 동일한 분이시다. 하나님은 순수 행위Pure

---

[39] Thomas Aquinas, "On Being and Essence," Selected Writings of St. Thomas Aquinas, translated by Robert P. Goodwin (Indianapolis, IN: Bobbs-Merrill Educational Publishing, 1965), 48.

Act인 까닭에 그에 관한 지식은 다른 모든 지식처럼 유추적 지식knowlege of analogy이어야 한다.[40] 아퀴나스의 유추론에 따르면 존재는 <u>유추적으로</u>analogically, 즉 <u>그 본질과 비례해서</u>in proportion to its nature 서로 연관되어 있다.[41] 이 유추론의 궁극적 근거는 본질quod est과 사물의 존재esse 사이에 있는 비례성에 놓여있다.[42] 일례로 선이란 개념이 사람과 음식에 적용되었을 때 같은 것univocally을 뜻하지 않는다. 어떤 것이 선하다고 할 때 선은 그 어떤 것의 존재와 비례하는 것인데 이를 "상응적 비례성의 유추analogy of proper proportionality"라 한다. 이런 유추론은 통일성과 다양성의 문제를 극복하기 위해 감안되었다.

그러나 상응적 비례성의 유추는 본질과 존재 사이에서 얻어지는 관계에 관해서만 다루어진 까닭으로 본질과 존재가 동일하신 분[하나님]의 가능성을 허용할 수는 없었다. 아퀴나스는 어떤 하나님의 존재를 허용하는 두 번째 유추론을

---

[40] Van Til의 저서에 익숙한 사람들은 여기에서 Van Til도 모든 지식이 유추적임을 강조하고 있음을 상기할 것이다. 그러나 Van Til이 말하는 유추적 지식과 아퀴나스의 유추론은 완전히 상이한 종류의 것이다. 본인의 Th.M. 논문인 <u>A Comparison and Evaluation of the Transcendenal Methods of Cornelius Van Til and Herman Dooyeweerd</u> Westminster Theological Seminary, 1984, 39-93을 보라.

[41] G.B. Phelan, <u>St. Thomas and Analogy</u> (Milwaukee: Marquette University Press, 1941), 8.

[42] Ibid., 25.

소개해야만 했다. 두 번째 종류의 유추론은 인과성에 기초한 것으로 "고유적 귀속의 유추analogy of intrinsic attribution"라 불렸다. 고유적 귀속의 유추는 본질과 존재가 동일한 이의 존재를 설명하며 하나님(순수 행위Pure Act)과 그의 창조(아퀴나스에 따르면 <u>항상</u>always 존재의 선험적 개념을 본질과 융합하는) 사이에 어떤 관계를 인정할 수 있는 종류의 것이었다.

이 시점에서 우리는 이와 같은 형이상학적 구조 속에서 어떻게 하나님을 알 수 있을까라고 물어볼 필요가 있다. 하나님 안에서 존재와 본질이 동일하다면 그런 하나님은 형이상학적이고 선험적이며 포괄적인 존재와 같은 것이고, 이런 하나님은 잠재적 존재가 그 존재 형태를 끝내는 그런 유가 아닌 것이다. 이 경우 존재의 개념은 하나님과 인간에게 동일하게 적용되어 하나님 자신도 선험적인 존재의 개념에 예속되게 된다. 물론 아퀴나스주의자들은 고유적 귀속의 유추가 하나님에게는 적용되지 않는다고 말하겠지만 그래도 그들은 그들이 말하는 선험적 존재의 개념을 설명해야할 필요가 있는 것이다. 그들이 하나님이 독립한 존재Unparticipated Being라는 사실을 추구하는 고유적 귀속의 유추를 통해 선험적 존재를 설명한다면 우리는 아래와 같은 모순된 점을 지적해야 할 것이다. <u>그들의 주장에 근거해</u> 하나님의 존재가 독립된 것이라면 그 하나님의 존재는 선험적 존재의 개념과 관계가 없고 따라서 실제와도 관계가 없게 되는 것이다. 결국 아퀴나스주의자들은 하나님의 존재가 인간의 존재와 일치한다는 순수 일의론pure univocism이나 아니면 하나님의 존재는 그 창조 세계와 전혀 관계가 없다는 순수 양의론pure equivocism 가운데 하나를 선택해야만 하는 것이다. 둘 중 어떤 것을 택하든지 아퀴나스적 형이상학의 골격 속에서는 성경의 하나님은 알려질 수 없는 분으로 결론이 나고야 만다.

주시해야 할 중요한 사실은 아퀴나스의 훌륭한 다른 업적에도 불구하고 그가 성경의 하나님의 존재를 설명할 수 없던 이유 중 하나는 인간 이성의 자율성을 허용함으로 지식의 출발을 성경의 삼위일체 하나님께 두지 않기 때문이다. 밴틸에 있어 "인간 지식은 궁극적으로 하나님의 내재적 통일성에 기인하며 <u>우리의 지식은 존재론적 삼위일체를 그 전제로 삼는다</u>our knowledge rests upon the ontological Trinity as its presupposition."43)

---

43) Van Til, IST, 23. 본인의 밑줄임. 철학적인 통일성과 다양성의 문제는 우리가 아퀴나스적인 변증학적 접근법을 따르게 될 때 자동적으로 변증학으로도 연장된다. Ronald B. Mayer, <u>Both\And: A Balanced Apologetics</u> (Chicago, IL: Moody Press, 1984)와 <u>Westminster Theological Journal</u> XLVII: 2, Fall 1985, 354-357에 실린 나의 서평을 보라. 또한 Norman Geisler, <u>Christian Aopologetics</u> (Grand Rapids, Mich.: Baker Book House, 1976), 151-262를 참고하라.

바로 이 "자존적self-contained"인 삼위일체(이것이 밴틸이 말하는 존재론적 삼위일체임)가 모든 인간 지식의 근원인 것이다. 인간이 사고의 과정을 이런 하나님의 존재로 시작하지 않는 한 아퀴나스에서 본 것처럼 그 과정 자체가 무의미하게 될 것이다. 성경에 계시된 자존적인 하나님의 진리와 더불어 우리가 기독교를 변증하고 철학하며 사고하게 될 때 통일성과 다양성의 "문제"는 해결 받게 된다. 물론 이 문제가 인간에게 완전히 이해될 수는 없는 것이지만 그래도 기독교의 골격 속에서만이 해결점을 만나는 것이다. 이제 개혁주의적 변증학의 측면에서 이 문제를 생각해 보자.

통일성/다양성의 문제는 철학에서 항상 인간 이성의 자율성이 허용된 상황에서 논의되어 왔다. 인간이 성경의 하나님을 힘입어 살며 기동하며 존재한다는 엄연한 사실을 깨닫지 못한 채 철학자 스스로 형이상학과 인식론의 문제와 씨름하여 왔다. 아퀴나스에서 본 것처럼 인간으로부터 출발하여 인간은 통일성이나 다양성 둘 중 하나에 자율적으로 우선권을 두게 된다. 지식의 가능성 그 자체에 관한 근본적인 탐구 없이 인간은 인식 과정을 시작한다. 이렇게 될 때 인간은 통일성과 다양성 사이에 의미 있는 연결을 위해 합리주의와 비합리주의를 혼합하게 된다. 이런 결과는 하나님의 존재로부터 시작하지 않는 기독교나 비기독교의 모든 노력에서 발견된다.

밴틸은 이 점에서 우리가 의식적으로 삼위일체 하나님으로부터 출발하지 않을 때 그 어떤 의미 있는 해석도 불가능함을 날카롭게 강조한다. 삼위일체의 의식이 없는 한 우리의 언어와 의사가 무의미할 뿐 아니라 의미 있는 해석 자체가 삼위일체 하나님을 전제한다고 밴틸은 주장하고 있다. 따라서 반개혁주의적 기독인뿐 아니라 비기독인들은 삼위일체 하나님을 처음부터 배제하는 까닭에 그들의 입장마저도 설명할 길이 없는 것이다.

왜 삼위일체 교리가 이렇게 중요한 것일까? 왜 밴틸은 말하기를 처음부터 우리가 삼위일체를 전제하지 않는 한 의미 있는 이해나 하나님의 존재에 관한 모든 "증명들proofs"이 무의미하다고 하는 것일까?[44] 왜냐하면 바로 삼위일체 속에서 우리는 통일성과 다양성이 동일하게 궁극적임을 깨닫지 때문이다. 삼위 하나님은 상호간에 철저한 이해exhaustive로 그 속에 다양성과 통일성이 함께 내존 하기 때문이다. 하나님의 본질적 통일성과 본질적 다양성 사이에는 우선성이 없다. 성령 하나님은 성부 하나님이 하나님 되심 만큼 하나님이시며 성부의 무든 것은 곧 성령의 모든 것이다. 이 둘은 동시에 그리고 같은 방법으로 하나이시다. 이 들은 역사에서 독립된 사역으로 나타나지만 "존재론적으로(밴틸이 말하

---

[44] Cornelius Van Til, Common Grace and the Gospel (Phillipsburg, N.J.: Presbyterian and Reformed Publishing Co., 1972), 49.

는 것처럼) 동등한 궁극성을 소유한다. 따라서 통일성이나 다양성 중 그 하나에 우선성을 부과할 필요가 없는 것이다. 이제 다양성을 보편화하거나 통일성을 보편화하는 일이 우리에게 골치 아픈 작업으로 남아 있지 않게 된다. 우리의 임무는 삼위 하나님의 동등한 궁극성의 문맥에서만 이해될 수 있는 우리 주위의 다양한 창조 세계의 국면을 이해하는 일이다. 다시 말해 통일성과 다양성이 영원 가운데 동등하게 궁극적이며 창조 세계가 성경의 하나님을 계시하고 있으므로 세계의 만물은 이런 동등한 궁극성에 기초하여 이해될 수 있고 또 해석되어야 하는 것이다.

이런 성경적인 통일성과 다양성의 원리가 철학과 과학과 신학뿐 아니라 변증학에 기여하는 공헌은 대단한 것이다. 과학 철학의 분야에서 스토커Stoker는 "동등한 궁극성 원칙 equal ultimacy principle"을 적용시켰다. (우리가 통일성이라고 불러온) 일반성the general의 문제를 다룸에 있어 스토커는 살구나무의 예를 든다. 창문 밖으로 보이는 한 특정한 나무는 다른 살구나무가 가지는 모든 특성들을 공유하고 있지만 그래도 그것은 동시에 개별적으로 존재하는 한 살구나무인 것이다. 불신 철학자들은 보편적인 의미의 살구나무의 뜻을 잃어버리지 않고 우리가 보는 나무가 살구나무임을 인식할 수 있도록 확인하는 끊임없는 시도를 벌여왔다. 다른 살구나무와 같을지라도 우리는 한 개별적인 살구나무를 보는 것이다. 스토커는 이렇게 분석한다.

살구나무는 일반성generel(다른 살구나무와 같은 특성)과 개별성individual(한 개별적 나무라는 점에서)을 동시에 소유한다. 일반성과 개별성은 서로 상관되어 총체적인 대비를 형성하는데 어느 한쪽에 예속됨이 없이 상호 연관되어 있고 서로를 필요로 한다. 이러한 상호 독립성과 총체성 때문에 일반성과 개별성 그 어느 것에도 우선성이 부여될 수 없는 것이며 양자는 균형을 이루어야 하는 것이다. 그러나 학문의 역사(신학, 철학, 특히 과학)에서 자주 우리는 어느 한쪽에 <u>우월성</u> primacy이 부과되어 다른 쪽은 제한된 개념으로 설명되어 온 것을 보아왔다.[45]

스토커는 칼빈주의자인 까닭에 밴틸과 마찬가지로 다른 비기독 철학자가 보지 못한 통일성과 다양성 사이에 있는 서로를 필요로 하는 동시에 어느 쪽으로도 예속될 수 없는 관계를 이해하고 있었던 것이다. 이런 밴틸과 스토커의 분석을 수용한다면 철학과 변증학의 진보는 새로운 국면을 맞이할 것이다.

철학적 신학의 분야에서 "동등한 궁극성 원칙equal ultimacy principle"의 좋은 예는 프레임John Frame 교수로부터 발견한다. 프레임은 신학, 철학, 변증학의 이해를 돕기 위해 소위 "관점주의perspectivalism"를 주창한다. 한마디로 요약하면 관

---

45) H.G. Stoker, "On the Contingent and Present-Day Western Man," <u>The Idea of aChristian Philosophy</u>: Essays in Honor of D.H. Th. Vollenhoven (Toronto, Canada: Wedge Publishing Foundation, 1973), 150-151.

점주의란 어떤 문제를 다룸에 있어 여러 가지 관점으로 접근할 수 있으며 이런 개별적 관점들은 기독교적 골격에서 이해되는 한 동등한 타당성을 지니고 있다는 것이다. 고로 관점의 다양성은 통일성만큼이나 필연적이다.46) 프레임은 변증학에서 합리주의적 방법이나 증거주의적 방법, 보다 주관적인 방법들이 개인적으로 혹은 집합적으로 기독교의 문맥 내에서within 이해되는 한 이들 방법들의 타당성을 발견한다. 이런 다른 관점들을 프레임은 표준적normative, 상황적situational, 실존적existential 관점이라 명명한다. 여기에서 프레임은 우리가 자존적인 삼위일체 하나님으로 출발할 때 통일성과 다양성의 문제는 변화의 기회를 제공한다는 기본적으로 밴틸적인 요점을 전개하고 있다. 밴틸은 말하기를:

> 삼위일체 교리는 실제가 철저하게 영원의 범주로 해석되며 다양성의 근거는 하나님을 넘어서는 어떤 세계가 아닌 삼위일체 그 자체에서 발견된다는 사실을 가르친다. 따라서 단수와 복수의 문제, 보편성과 개별성의 문제, 존재와 존재화becoming의 문제, 분석 판단과 종합 판단의 문제, 선험성과 후천성의 문제 등은 철저히 삼위일체 교리에 의해서만 해결을 볼 수 있는 것이다. 남아있는 다른 방도는 실제의 세계를 시공의 관점에서 보며 따라서 인간을 궁극적인 근거 점으로 삼는 일이다.47)

---

46) John Frame, <u>The Doctrine of the Knowledge of God</u>, 165-346.
47) Van Til, SCE, 96-97.

밴틸은 논리의 방법에 있어 선험적 a priori이거나 후천적 a posteriori인 방법을 어려워하지 않는다. 그러나 위에 이용한 것처럼 밴틸은 그런 방법이 비기독 과학과 철학에서 자행된 것처럼 서로 대응되어 절대화 되어서는 안 된다고 지적하고 있는 것이다.[48] 논리의 경험적 방법(밴틸이 말하는 후천적 논리)을 사용할 때가 있는가 하면 연역적인 선천적 방법을 사용해야 할 때가 있는 것이며[49] 그 어느 하나에게 우선성을 두어서는 안 된다. 밴틸을 선험주의적이라고 비평하는 이들은 밴틸의 이러한 변증학적 중심을 이해하지 못했기 때문이다.[50] 밴틸은 항상 처음부터 성경의 하나님의 존재를 인정하는 변증학적 방법을 주창해 왔다. 사고, 사물, 방법, 관점 등을 포함한 다양한 실제는 삼위로 계시는 한 하나님으로부터 기인한 까닭에 그 통일성을 가지고 있는 것이다.

삼위일체의 중요성을 간과한 이런 독특한 사고의 적용은 밴틸의 세계관적 변증학과도 잘 상응한다. 삼위 하나님의

---

[48] 이점에서 선험적(transcendenal) 방법이 우리가 사용해야 하는 방법이라는 본인의 주장과 어긋나는 것처럼 들릴 수 있을 것이다. 선험적 방법의 필요성을 본인이 말할때 이가 뜻하는 바는 만사가 기독교의 문맥에서 다루어져야 한다는 확신을 나타내는 말이다. 이런 점에서 선험적 방법은 다른 모든 방법의 "배후에" 있는 것으로 우리는 다른 방법에 대해 기독교적으로 (선험적으로) 접근한다.
[49] Van Til, SCE, 10. Van Til은 선험성은 귀납성과 후천성은 연역성과 동의어라고 설명하고 있다.
[50] 예를들어 Jerusalem and Athens, 380-403, 420-427을 보라.

주권의 진리로부터 우리의 논리가 전개될 때 언제, 어디서나, 어떤 종류를 막론하고 우리의 기독신앙 변증은 효과적일 수밖에 없다. 밴틸의 개혁주의적 변증학 체계 내에는 우주론이나 목적론, 혹은 일체론henology (복수성에서 단수성을 추론하는 아퀴나스의 "네 번째 방법") 등에 호소해야하는 번거로움이 없다. 기독교의 변증은 그런 제약된 접근법에 의존하지 않기 때문이다. 모든 것All things은 하나님의 존재를 "증명prove"하고 있으며 따라서 기독교를 증명하는 일이 실상 모든 기독인에게 가능한 것이다.51) 형이상학이 사변적인 성격을 띠고 인식론이 역사적으로 파탄의 길을 달리는 이유 중 하나는 단수성과 복수성의 문제를 해결하기 위해 인간 지성의 자율성을 허용함으로 이 세계를 제대로 이해할 수 있는 근거를 상실했기 때문이다. 그러나 삼위 하나님으로 부터 출발한다면 형이상학적 사변이나 인식론적 파탄은 더 이상 없을 것인데 여기에는 창조주와 피조물의 구분이 처음부터 전제되기 때문이다.

---

51) 개혁주의 변증학 분야에서 본인이 갖고 있는 관심사가 이것과 관련되어 있다. 기독교의 변증은 성경의 명령(벧전 3:15)임으로 기독인은 이 일을 행할 수 있어야만 한다. 전통적 변증학을 따른다면 아리스토텔레스나 아퀴나스를 이해하는 수준들을 요구할 것이다. 그러나 Van Til은 주장에 따르면 모든 기독 신자는 단지 성경을 이해함으로만 불신자를 도전할 수 있고 신앙을 변호할 능력을 갖는다. 모든 기독인들로 하여금 그 신앙을 변호하게 하는 일에 성경은 충족한 도구이다. 여기에 관해 본인은 다음 기회에 발표할 계획이다.

<u>조직신학 개요</u>An Introduction Systematic Theology라는 강의 안에서 밴틸은 성경적 창조관과 부합되는 동등한 궁극성 원칙을 전개한다.[52] 여기에서 밴틸은 신학뿐 아니라 물리학, 심리학 또는 일반 학문들은 창조주가 자신을 창조 세계에 계시했고 따라서 창조 세계는 계시적 성격을 띠고 있다는 사실에 기초할 때 바로 이해될 수 있다고 말한다. 모든 학문적 노력은 삼위 하나님이 자신을 계시했고 창조 세계는 하나님의 계시로 충만하다는 사실에 의존하는 것이다. 창조 세계는 본질적으로 창조주를 계시하고 있다. 만물이 그 손으로 행하신 일이다. 따라서 우리가 눈으로 보는 것과 보지 못하는 것, 그 모두가 하나님의 성품에서 독립된 것은 없다. 이 부분에서 밴틸은 기독교적 골격에 기초한 모든 인식론의 가능성을 허용하고 있는 것이고 통일성과 다양성의 동등한 궁극성의 삼위일체론적 원칙을 전개하고 있는 것이다. 선험적 방법(합리주의)과 경험론적 방법은 이들이(세계관이 아닌) 방법론으로서 기독교 유신론의 점검을 받는한 타당성을 가질 수가 있다는 것이다. 밴틸은 주장하기를,

> 정통 신학자 가운데 지식의 수단으로 감성의 역할을 비하하는 이들이 있다. 이들은 경험주의자들의 방법을 선천적 방법으로 대치하여 그들이 성경적인 사고를 하고 있다고 생각한다. 여

---

[52] 이 점이 스토코 교수가 Jerusalem and Athens, 각주 36, 456에서 지적하는 점인것 같다. 이 각주에서 스토커는 인간 사고의 근원적 탐구를 제창하고 있는데 바로 이것을 Van Til이 그의 IST, 64-109에서 하고 있는 것 같다.

기에 대해 두 가지 점을 지적하고 싶다. 첫째로 경험주의로부터 선험주의의 날개 아래로 도망하는 것은 도움이 되지 못한다. 그들의 선험주의가 플라토Plato나 다른 비기독 철학에 의존하지 않고 존재론적 삼위일체관에 자의식적으로 기초할 때에만 회의주의로부터 모면할 수가 있는 것이다. 비기독 사상가의 선험주의는 결국 경험주의로 빠져들고 마는 것인데 이렇게 되지 않는 길은 순수 형식의 측면에서 남아 있는 것 밖에 없다. 둘째로, <u>우리 사고의 근거에 존재론적 삼위일체관을 둔다면</u> 감성을 통한 회의주의의 오류를 겁낼 필요가 없게 된다. 감성이 우리를 "기만"하는 것처럼 우리의 지성도 우리를 기만할 수 있는 것이며 우리는 양자 모두에 대해 부패의 수단을 소유하고 있는 것이다. <u>하나가 없는 다른 하나는 무의미하며 이 두 가지 모두가 올바른 전제 하에서 우리에게 참 지식을 가져다주며</u>, 이 두 가지 모두가 그릇된 전제 하에서는 회의론으로 우리를 몰아 갈 것이다.[53]

여기에서 밴틸이 지성과 경험론의 상호의존성을 자존적(존재론적)인 삼위일체 하나님의 전제하에서 인정하고 있음을 주의할 필요가 있다. 위에서 길게 그의 글을 인용한 이유는 밴틸의 논리에서 하나님의 삼위일체성이 얼마나 근본적이며 기본적인지를 간과한 채 밴틸을 비평하는 이들이 있기 때문이다.[54] 밴틸은 경험주의와 선험주의 중 그 어느 하나가 비기독교적 문맥에서 절대화 될 때 일어나는 무의미성을

---

53) Van Til, IST, 66 (밑줄은 본인의 것임).
54) 개혁주의 신학자 가운데 경험주의를 철저히 배제한채 선험주의를 절대화한 인물로는 Gordon H. Clark을 들 수 있는데 이를

밝혀주고 있다. 이 두 가지는 동등한 궁극성의 맥락, 즉 우리가 행하는 모든 일에 삼위 하나님을 전제함으로만 참다운 지식을 우리에게 전할 수 있는 것이다. 따라서 철학, 변증학, 철학적 신학에서 삼위일체 교리의 엄청난 중요성을 감안하지 못하는 기독교 변증학이나 철학, 비기독교적 철학은 바로 이점에서 헤매게 되는 것이다.

삼위일체 교리가 칼빈주의 신학의 전유물이 아니라 모든 기독 신학의 근본적 교리 중 하나임을 지적하고 반문하는 이들도 있을 것이다. 그러나 개혁주의 신학 특히 밴틸의 변증학에서만 발견되는 독특한 점은 기독교 철학과 변증학에서 영원한 신비로 남아 있는 이 삼위일체 교리의 실제적 적용application에서 나타난다. "신비성은 교리학의 필수적 요소"55)임을 인정하는 밴틸은 그 신비성을 전개하고 적용시키는 일에 대담하여 덜 문제가 되는 신앙의 원리들만을 다루기를 거부하고 있는 것이다. 이런 의미에서 삼위일체론적

위해 그의 책 Religion, Reason, and Revelation (Nutley, N.J.: The Craig Press, 1978)을 보라.
55) Herman Bavinck, The Doctrine of God (Grand Rapids, Michigan: Baker Book House, 1977), 13. Van Til의 개혁주의 변증학에서 화란 신학의 영향은 가장 중요했었다. 미국적 신학은 신비성을 받아들이면서도 그 적용성의 문제에 있어서는 이차적인 등급으로 하강시키는 경향이 있다. 바빙크처럼 Van Til은 신비와 함께 시작한다! Van Til은 기독인이 말하는 신비와 비기독인이 말하는 신비의 차이점을 The Sovereignty of Grace, 27에서 설명한다.

인 밴틸의 변증학은 철두철미하게 개혁주의적이며Reformed 개혁적인Reforming 것이다. 그는 삼위일체의 신비에 영광을 돌리고 있을 뿐 아니라 참다운 개혁주의 변증학의 전개를 위해 그 진리를 적용하고 있는 것이다.

III. 언약론적 변증학 A Covenantal Apologetic

어떤 의미로는 밴틸의 변증학은 언약신학적이라는 점이 가장 중요한 공헌이라고 할 수도 있다. 밴틸의 강의실 칠판 "낙서"에 익숙한 사람이라면 밴틸이 위 아래로 그린 두 개의 동그라미(위의 것이 아래 것보다 약간 크게)와 두개의 평행선으로 그 두 동그라미를 이어놓는 유명한 일례를 기억할 것이다. 밴틸은 이 그림으로 그의 변증학 체계의 전체를 요약적으로 쉽게 보여주기 위해 사용했다.56) 이는 언약성을 나타내는 것으로 인간이 무엇을 알기 위해서는 하나님으로부터 인간에게 전달되는 계시의 필연성을 요구한다는 것을 설명하는 그림이다. <u>웨스트민스터 신앙고백서</u> 제7장은 이렇게 말한다.

---

56) 예로 <u>Foundations of Christian Scholarship</u>: Essays in Van Til Perspective, edited by Gary North (Vallecito, CA: Ross House Books, 1979)의 겉 표지를 보라. 웨스트민스터 신학교의 Machen Hall에 걸려있는 Van Til 초상화의 배경에도 그가 칠판에 그린 여러 낙서들 가운데 "Van Til의 동그라미"가 그려져 있다.

하나님과 피조물 사이의 간격은 너무 크기 때문에 비록 합리적 피조물들이 하나님을 창조주로 순종해야 마땅하지만, 하나님을 그들의 복과 상급으로 모실 길은 전혀 없었고 다만 하나님 편에서 친히 자원하여 낮추어주심 밖에 없었는데, 그것이 바로 하나님이 기쁘시게 취하신 언약의 방법이다.

밴틸 사상에 관해 여러 함축성을 지닌 "동그라미"는 근본적으로 <u>웨스트민스터 신앙고백서</u> 제7장에 설명된 언약을 나타내고 있으며 언약의 진리를 변증학과 철학에 적용시키는 그의 획기적인 창조성을 보여 주고 있다. 밴틸에 의할 것 같으면 언약신학과 삼위일체론은 개혁주의 신학에서 상호의존적인 진리이다.[57] 이 상호의존성을 설명함에 있어 밴틸은 하나님의 삼위-일체성Tri-unity뿐 아니라 삼위성Tri-Persoanlity도 강조하고 있다. 무소부재하신 하나님은 그 통일성과 다양성에 있어[58] 인격적Personal(밴틸의 말을 빌리자면 "절대적 인격성")이시며 인간은 어디에서나 <u>항상 하나님 앞에서</u>coram deo 존재한다.[59]

인간과 항상 관계하시는 인격적 하나님이 무소부재 하시다는 사실은 변증학과 철학에서 엄청난 의미를 갖는다. 변

---

[57] Van Til., SCE, 96.
[58] 앞에서 언급한 것처럼 하나님의 한 본질은 또한 한 인격/위(person)이라는 사실에 대한 합리주의자들의 거부를 상기하라.
[59] Van Til, SCE, 97. 하나님 앞에서의 삶은 마틴 루터에게까지 소급되는데 그 적용에 있어 철저한 개혁주의에 입각한다.

증학에서 "언약 신학은 실체의 세계를 온전하게 인격적으로 해석할 수 있는 근거를 마련하는 유일한 신학 형태이다."[60] 비기독적인 철학이나 변증학 혹은 일관성이 없는 기독교 철학이나 변증학은 인간을 비인격적인 세계에 둔다. 비기독교적인 이런 유(類)의 사고는 밴틸이 말하는 "맹목적 사실brute facts"에 비중을 두려고 한다. 맹목적 사실이란 과학이 발견하거나 철학이 사용하는, 혹은 일관성 없는 변증학자들이 호소하는 사실들인데, 그냥 "거기에 있는" 해석되지 않은, 궁극적으로 인간이 멋대로 조종하는 사실들을 말한다. 맹목적 사실과 함께 연관된 개념이 중립성인데 이것이 의미하는 바는 사실들이 하나님에 의해 창조되지도 않았고 그의 말씀으로 해석되지도 않았다는 것을 뜻한다. 이런 주장은 개혁주의적 변증학이 말하는 실체 세계의 언약적 성격을 거부할 때 가능한 것이다.

밴틸에 따르면 맹목적 사실은 존재하지 않고 중립성도 존재하지 않으며 우주는 비인격적인 실제가 아니다. 우주에 있는 모든 사실, 모든 해석, 모든 부분은 언약의 하나님을 계시하며 하나님이 만드신 우주에 살고 있는 인간은 사실이나 법칙이나 그 해석에 있어 책임을 지고 있는 것이다. 간단히 표현하자면 <u>모든 인간</u>은 언약의 순종자이거나 언약의 파기자로 나누어진다.

---

60) Ibid., 128-129.

이 표현(언약의 파기자)은 개혁주의 신학자들이 자주 사용하게 되었다. 자주 사용되었더라도 다시 한 번 강조할 필요는 있다. 우리는 너무 쉽게 언약적 관계가 자연계시에 독립하여 구별된 것처럼 생각한다. 사실 이 둘은 서로 연결되어야 한다. 모든 면에서 인간이 하나님과 언약적인 관계에 있다는 것은 인간이 어디에서나 인격적인 하나님을 상관한다는 뜻이다. 인간이 죄인이 아니라면 모든 피조 사실을 다루는 일은 언약을 긍정하는 행위이고 반대로 인간이 죄인이라면 모든 사실을 다루는 일은 언약을 파괴하는 행위이다.61)

여기에서 밴틸의 세계관적 변증학이 언약적 요소와 밀접하게 연관되어 있음을 볼 수 있다. 도처의 모든 사실Every fact everywhere은 성경 하나님을 계시하고 있다. 따라서 인간은 언제 어디서나 하나님에 기인한 사실들에 따라 하나님께 복종하거나 하나님을 거부하는 모습으로 나타난다. 인간이 처한 환경은 결단코 비인격적이 아니라 철저히 인격적이며, 인격적인 까닭에 삼위일체 하나님을 계시하고 있는 것이다.

전통적인 변증학에서는 인간의 이성이 맹목적 사실로62) 받아드려질 뿐 아니라 그들이 호소하는 사실들(우주의 질서, 우주의 목적, 인과성) 자체가 불신자들에 의해 우선적으로 해석되지 않는 한 해석되지 않은 사실들로 남아있게 된다. 전통적인 하나님의 존재 증명의 기초적 가정에 의하

---

61) Van Til, Common Grace and the Gospel, 69-70.
62) 이전에 인용한 Sproul의 견해를 참고하라.

면 사실들은 어떤 하나님을 증명하기 위해 불신자의 해석을 요구한다. 그러나 만일 언약에 관한 밴틸의 견해가 올바른 것이라면 모든 사실은 근본적인 면에서 하나님의 해석God's Interpretation이며 따라서 어떤 사실은 하나님의 원래 해석(계시)에 의해 재해석될 때만이 올바로 이해될 수 있는 것이다. 전통적 변증학은 어떤 사실이나 법칙을 이해하고 분석하는 일에 있어 하나님을 배제한 이후 나중에 가서야 "최종적으로 비과학적인 결문" 같은 방식으로 하나님을 끌어들인다. "인간이 다루는 모든 사실에 있어 사실상 그는 하나님과 대면하고 있다"고 밴틸1은 말한다.63) 인간은 언제 어디에서나 하나님의 세계God's world에서 살고 관찰하는 모든 일에서 하나님과의 언약을 지키든지 아니면 파괴하는 일을 한다.

위에서 인용한대로 밴틸은 언약적 관계가 자연계시와 함께 병행해서 이해되어야 함을 주장한다. 이 두 가지는 상호 연관성을 지니고 있다. 이런 관점은 일상생활은 물론이고 기독교 철학, 과학, 신학, 특히 개혁주의 변증학에 활력을 불어넣어 준다. 밴틸은 자연계시와 특별계시의 상호성을 주장했는데, 이 두 계시는 항상 함께 가며 소위 말하는 "성경의 속성"은 자연계시에도 적용됨을 지적하였다.64) 그는 항

---

63) Van Til, SCE, 97.
64) Van Til의 논문, "Nature and Scripture" in The Infallible Word (Phillipsburg, N.J.: Presbyterian and Reformed Publishing Co, 1978), 263-301을 보라.

상 자연계시와 특별계시의 상호연관성을 전개하고 주장하여 왔다. 자연계시와 특별계시는 인간이 타락하기 전에도 인간이 하나님의 세계에 살기 위해 필연적이었다.

> 처음부터 본질상 언약적인 성격을 가진 인간을 향한 하나님의 자연계시는 시간이 흐림에 따라 일어날 변화의 과정에 배경을 형성하는 것이었다. 아담과 맺은 언약은 조건적이었다. 선악과에 관한 인간의 행동에 따라 자연에서 하나님의 부과적 계시가 따를 수 있었다.[65]

밴틸은 계속해서 에덴동산에서의 자연계시와 특별계시의 필요성을 설명한다. 동산의 한 나무를 제외한 모든 나무의 실과를 먹으면서 인간은 하나님의 영광을 위해 땅을 정복하는 언약을 지키는 행위를 하도록 자연계시는 그 바탕을 제공했다. 하나 언약적으로 명명된 한 가지 나무는 아담이 그 임무를 수행함에 있어 하나님의 특별 계시적 해석을 필요로 했다. 언약을 지키는 것과 언약을 파괴하는 것은 아담을 향한 하나님의 언어적 교통과 창조세계를 통한 하나님의 은총의 계시에 의존하고 있었다. 양자가[자연계시와 특별계시] 필요하였고 따라서 아담의 언약적 행위를 필연화하고 있었다. 우리가 사는 세상과 마찬가지로 아담의 세계는 언약적으로 주어졌으며 인격적인 것이었다. 자연계시는 역사를 통한 하나님의 계시revelation로 이해되어야만 한다. 인간이 자

---

65) Ibid., 267-268.

연에 속한 것을 취하여 자신의 영광을 위해 사용한다면 이는 자연에서 인간에게 주어진 계시에 기초한 하나님의 언약을 파괴하는 것이다. 자연을 통해 하나님이 계시되고 있음에도 불구하고 인간은 이를 악용함으로 이 계시를 억누르고 있는 것이다(롬 1:18이하). 인간의 소명, 인간의 임무, 인간의 책임은 하나님의 계시에 의해 표현되고 결정지어 졌다.

창조 실체는 인간에게 책임을 부과한다. 모든 사람은 언약적인 피조물인 까닭에 하나님의 것을 기지고 하나님의 영광을 위해 사용해야할 책임이 있다. 밴틸의 용어를 빌리자면 인간은 자신을 창조적으로 생산적인creatively constructive 존재로 볼 것이 아니라 수용적으로 재생산적인receptively reconstructive인 존재로서 하나님의 세계에 있는 사실들을 관찰해야 한다. 이것이 바로 언약적 인식론의 골자라 하겠다.66) 하나님의 언약은 모든 인식knowing과 모든 분석analyzing과 모든 지각perceiving의 배경을 형성한다. 이 세상의 모든 것은 사물을 사물 되게 하는 것과 그 창조주에 관해 계시하고 있다. 따라서 세상은 선험성transcendence(창조주를 계시함으로)과 내재성immanence(자체를 계시함으로)을 소유

---

66) "a Covenantal Approach to Apologetics and Philosophy"와 "Covenantal Philosophy/Apologetics and the Transcendental Method"라는 제목의 본인의 석사 논문 마지막 두장에서(254-323) 이런 언약론적 입장이 기독교 철학과 변증학에 미치는 중요한 의미을 설명하고 있다. 본인은 여기에서 더 나아가 이런 언약론적 입장이 Herman Dooyeweerd의 우주법적 철학을 개혁하고 향상할 수 있는데 까지 시도하고 있다.

하는 것이다. 이것이 계시인 까닭에 (또한 인간에 의해 발견될discovered 뿐만 아니라 계시로 주어졌기에given)67) 인간은 그것을 사용하는 일과 그것을 하나님의 창조의 사실로 아는 일에 책임이 있는 것이다.

개혁주의 변증학에 있어 이런 언약론이 갖는 적용성은 거의 무한한 것이다. 전통적 방법과는 달리 여기에서는 하나님의 존재의 사실과 세상에서 하나님의 활동에 대해 완전한 통치성이 주어진다. 개혁주의 변증학자는 해석되지 않은 사실들에 의해 하나님의 존재를 증명하려고 노력하기 보다는 세상의 본래적 모습에 기초해서 불신을 공략한다. 개혁주의 변증학자는 불신자와 더불어 가장된 실제의 시나리오를 가지고 시작해서 결론에 가서야 실제 상황을 노출시키기 보다는 하나님의 세계와 그 말씀이 의미하는 본래적 상황의 실제를 가지고 불신자를 접근한다. 인간은 언제 어디서나 언약의 파괴자이다. 밴틸은 불신자들이 하나님의 사실을 다루는 일을 "빌려온 수도borrowed capital"라 부르는데, 이유는 그들이 하나님 나라에 속한 것을 가지고 그들의 왕국을 지

---

67) 인간에게 준 하나님의 계시는 직관적 지식이다. 인간의 내재적 부패성 때문에 이 지식은 후천적인 것이 될 수 없고 오히려 모든 후천적 지식의 근원을 형성하고 있다. Vincent Brummer, Transcendental Criticism and Christian Philosophy: A Presentation and Evaluation of Herman Dooyeweerd's Philosophy of Cosmonomic Idea (Franaker: T. Wever, 1961), 172-173과 H.G. Stoker의 "Calviniese Wysbegeerte" in Tydskrif vir Wetenskap en Kuns, 15:107을 참조하라.

으려고 하기 때문이다. 개혁주의 변증가는 불신자를 잘 파악하는데 이들은 그 마음이 더럽고(딛 1:15) 하나님의 진노의 대상으로 그 육체뿐 아니라 정신적으로도 정욕의 욕구에 자신을 탐닉한다(엡 2:3). 이들은 하나님의 법에 자신을 복종시킬 수 없는데 선을 행할 수 없기 때문에 선을 행하지 않으며(롬 8:7), 하나님을 찾지 않고 이해력도 없으며(롬 3:10 이하), 하나님의 진리를 계시하는 하나님의 것을 취하여 도리어 진리를 억누르는데 사용하며 창조주보다 피조물을 경배하고 섬기고 있다(롬 1:18-25). 따라서 이들은 사실을 사실답게 이해하기 위해 지식에까지 새로워져야 한다(골 3:10; 시 10:4). 개혁주의 변증가는 불신자가 언약의 파괴자라는 사실을 충분이 이해한다. 불신자가 아무리 도덕적이고 용납할만하고 점잖아 보여도 그들은 밤낮으로 알고 있는 하나님의 진리를 억누르고 악용하는 일에 바쁘다. 이런 인간에게 "솔직한" 연구를 요구하는 것은 과연 얼마나 "합리적"인 것일까? 하나님을 반대하는 이들에게 도덕적 판단을 요구하는 것이 얼마나 "이치에 맞는" 일일까? 언약의 수행자들이 변증학적 작업에서 그리스도와 그 집의 원수인 언약의 파괴자들을 가까운 친척으로 맞이하는 일이 과연 그리스도를 영화롭게 하는 일일까? 불신의 마음은 육체적인 것으로 하나님과 원수 되며 그 어떤 점에도 하나님을 기쁘시게 할 수 없다(롬 8:7-8). 진리에 도달하기 위해 불신자와 이런 상호보완적 관계를 갖는 것은 의사가 이미 죽은 환자에게 아스피린 진통제를 주는 것과 같다.

개혁주의 변증가는 하나님의 은혜로 언약의 수행자인 까닭에 불신자를 그 불신의 근본에서 노출시킨다. 그는 불신자에게 "빌려온 수도borrowed capital"의 사실로 그들의 왕국을 짓는데 사용하지 말고 사실의 진정한 의미를 깨닫도록 도전한다. 다른 사람의 심장이 이식될 때 맞지 않아 거부될 수 있는 것처럼 개혁주의 변증가는 불신자에게 하나님이 이미 해석하신 사실이 그들의 불신적 해석 체계에서 존속할 수 없음을 외친다. 불신자는 사실의 참 의미를 깨달을 수 없으며 이런 외계적인 요소를 기독교에 성공적으로 이식시킬 수 없는 것이다. 언약의 파괴자인 불신자를 향한 우리 도전의 초점은 바로 그들이 언약의 파괴자라는 점이다. 전통적인 변증학처럼 이런 언약적인 구분 없이 불신자들에게 우리와 함께 논의하자고 요청하는 것은 그들에게 언약의 파괴 행위를 부채질하는 것과 같다. 어떤 신이 존재한다는 것에 그들과 함께 동의하는 일은 그들이 이미 알고 있는 <u>언약의 하나님</u>the covenant God이 존재하지 않는다고 인정하는 것과 같은 일이며 불신자의 사고와 행위를 장악하고 있는 진리의 억제를 촉진시키는 일이다.

이것이 밴틸이 주장하는 전제적 논리이다. "전제presuppositions"라는 말은 여러 가지 오해를 불러일으킬 수 있는 말로 밴틸의 비평가들은 이점을 꼬집어 사용한다. 어떤 사람은 전제를 논리의 결론을 가리키는 말이라고 하는가 하면 또 다른 이들은 밴틸이 엉뚱하게 하나님을 단순히 하나의 전제로 전락시켰다고도 한다. 그러나 밴틸이 이 말을 사용할 때는 비평가들이 보지 못하고 있는 상당히 깊은 뜻이 있는 것이다. 아마도 밴틸의 비평가들이 밴틸의 언약적인 초점을 헤아리지 못하였기 때문일 것이다. 밴틸에게 있어 "전제"란 하나님이 항상 언제, 어디에서나 자신을 인간에게(언약의 수행자나 파괴자로서) 계시하시고 존재하심을 뜻한다. 이런 전제관은 철학에서 이해하는 것과는 거리가 먼 것으로 개혁주의 변증학자들의 임무를 잘 나타내며 궁극적인 헌신의 마음을 나타낸다. 이는 불신의 죄악을 성경적으로 효과적으로 도전하기 위해 성경의 하나님 말씀을 의지하는 일의 중요성을 가려준다. 밴틸에 의할 것 같으면 전제에 의한 논리는 언약에 의한 논리로 모든 논의에서 처음부터 인간이 하나님과 언약적인 관계를 맺고 있음을 나타내 준다. 바로 하나님과의 이 언약적인 관계 때문에 인간의 불신은 벌받을만한 것이다. 로마서 1:18절 이하에 의할 것 같으면 불신이란 신지식과 관련해 무죄한 진공의 상태로 존재하지 않는다. 이런 생각은 하나님이 중생 받지 않은 이성으로도 알려질 수 있다는 전통적 변증학에서 걸맞은 것이다. 불신이란 언약적으로 이해되는 하나님의 진리를 억제하는 행위이고 언약 파괴의 가장 명백한 표현이다. 하나님의 계시는 언약적인 관계를 필연적으로 요구한다. 따라서 한 사회에서 죄악이 범람하는 것은 명백히 이해된 하나님의 계시에서 도망하는 자들을 향한 하나님의 자비하신 인내를 보여주는 것이다(롬 1:24, 26, 28).

개혁주의 변증학은 로마서 1장을 바로 이해해야 할 필요를 보여준다. 기독교적 합리주의를 제창하는 이들도 로마서 1장이 보여주는 언약적 중요성을 인정한다. 개혁주의 신앙고백을 믿는 한 전통적 변증학자는 말하기를 "바울은 여기에서 분명하고 확실하게 인간이 일반계시에 기초한 하나님의 자연적 지식을 소유하고 있다고 가르친다"고 했다.[68] 불행한 사실은 이런 신학자들이 그들의 전통적 방법을 따르기 위해 언약적 강조점을 희석하고 배반한다는 점이다.[69] 인간을 향한 하나님의 일반계시가 언약적이라는 점을 무시한 까닭에 그들은 괴상하며 추상적인 개념인 "인간 본성"에 호소하며 이 "본성"은 언약적인 의미가 없는 것처럼 보고 있는 것이다. 중생 받지 못한 인간 본성은 인간에게 회개를 촉구하는 하나님의 자비로운 계시의 선물을 거부한 채 하나님의 지식을 억누르는 것이다(롬 2:4). 중생 받은 인간 본성은 모든 생각을 사로잡아 그리스도에게 복종시킨다(고후 10:5). 로마서 1장을 제대로 이해할 때 "인간 본성"에 대한 추상적인 개념을 물리칠 수가 있다. 일반계시는 언약적인 계시이다.

---

[68] R.C. Sproul, John Gerstner, Arthur Lindsley, <u>Classical Apologetics</u> (Grand Rapids, Mich.: Zondervan Publishing House, 1984), 62.
[69] Ibid., 233. "사람들은 <u>처음에는 그 존재 여부도 알지 못하는 하나님을 그들이 반대하고 있다고 생각하지 않는다</u>(본인의 밑줄) 그들은 그냥 인간 본성에 따라 행동하고 있다."

밴틸의 변증학의 언약적 성격은 변증학적 토론에서 자주 문제되는 출발점one's starting point과도 관계가 있다. 밴틸은 출발점에 관해 여러 다른 강조점을 두는데 출발점의 주된 의미는 변증학적 이론을 시작할 때 자의식적으로 출발하는 지점/위치를 뜻한다.[70] 인간 자아가 아니라 하나님이 변증학적 논의의 출발점이 되어야 한다는 밴틸을 비평하는 이들은 밴틸의 주장에 의할 것 같으면 인간은 외부에 있는 한 지점에서 시작하기 위해 자신을 벗어나야 하는 것으로 이해한다.[71] 밴틸의 글을 읽은 사람들은 우리의 지식이나 논증이 다른 이의 마음으로부터 나와야 한다고 밴틸은 주장하지 않는 것을 알것이다. 밴틸이 말하는 출발점은 우리의 논의가 시작되는 점이 실제적으로 두뇌의 한 부분이라는 말이 아니다.

> …여기에서 이슈는 근시적 출발점의 문제가 아니다. 근시적 immediate 출발점은 우리 가까이에 있는 일상의 경험과 사실들인 것을 부인할 사람이 없다. 어거스틴도 칼빈도 인간의 자아의식이 근시적이며 시공적인 출발점임을 부인하진 않을 것이다.[72]

---

70) Van Til이 말하는 "출발점"에 관한 훌륭한 분석으로는 John M. Frame이 쓴 "Van Til and the Ligonier Apologetic" Westminster Theological Journal, XLVII: 2, 1985, 282-288을 보라.
71) 예를 들어 Sproul, Gerstner, Lindsley, Classical Apologetics, 212-240을 참고하라.

밴틸은 여기서 칼빈과 데카르트를 비교한다. 칼빈은 자아를 근시적proximate 출발점으로 시작하였고, 데카르트는 자아를 궁극적ultimate 출발점으로 시작하였다.73) 두 사람이 모두 자아self로부터 시작함을 유의하라. 밴틸은 인간이 자아selves로 논증하고 사유함을 알고 있다는 것을 그의 비평가들은 기억해야 한다. 밴틸의 주장은 사유하는 자아는 사실과 경험을 인식함에 있어 자self의식적으로 하나님과의 인격적 조우의 출발점으로 부터 해야만 한다는 것이다. 밴틸이 주장하는 변증학을 하기 위한 궁극적 출발점은 헤르만 도이예베르드가 말하는 "알키미니안적 지점Archimedean point"(인간이 설 수 있는 지점)와 같은 말이다. 합리주의적 변증학자는 자self의식적으로 인과성, 구성, 존재와 같은 사실의 맹목성bruteness에 서 있으면서 중생 받지 못한 인간 이성의 중립성을 허용하고 있다. 데카르트가 자아를 궁극적인 출발점으로 삼았다고 밴틸이 비평하는 이유는 데카르트가 자신이 존재한다는 지식을 근본으로(설 수 있는 지점) 보고 난 이후에야 하나님의 존재를 긍정한 때문이다. 따라서 합리주의적 변증학자는 중생 받지 못한 사람에 있어서도 어떤 사실facts을 올바로 인식하는 일은 그 사실이 하나님에 의해 창조된 사실이라는 것을 깨닫지 않고서도 제대로 인식할 수 있다고 한다. 고로 합리주의적 변증학자의 궁극적 출발점은 자신himself과 그의his 세계인 것이다.

---

72) Van Til, SCE, 120.
73) Van Til, SCE, 120.

밴틸의 변증학은 언약이 갖는 의미를 심각하게 파악하고 있기 때문에 인간의 자의식과 신지식은 동행하는 하는 것으로 보고 있는 것이다. 우리는 사실을 사실되게 하는 근거에 관한 근본적인 탐구 없이 사실 자체만을 논할 수는 없는 것이다. 언약적 변증학은 우리로 하여금 불신자와의 토론에서 올바른 출발점을 제공하는데 이는 처음부터 언약의 관점과 올바른 계시관 속에서 창조주와 피조물의 구분을 지어놓기 때문이다. 그 어떤 사실도 그것을 창조한 이와 그 사실을 통해 자신을 계시하고 있는 이를 고려하지 않고는 진정하게 이해될 수 없는 것이다. 그러므로 궁극적인 출발점인 하나님은 변증학적 논증에서 결정적인 요소인 것이다.

결론

지금까지 밴틸을 분석함에 있어 우리는 특히 미국에서 그에 관해 사용되는 용어나 범주를 회피하려고 노력했다. 밴틸은 "전제주의의 아버지", "전제주의적 변증학자" 등으로 불려왔다. 이런 종류의 말들 때문에 개혁주의적 변증학과는 거리가 먼 "전제"라는 단어를 사용하는 합리주의적 변증학과 부합하는 반개혁주의적인 변증학자들의 부류 속에 자주 밴틸도 포함하게 되었다.[74] 우리가 밴틸의 변증학을 세계관, 삼위일체 그리고 언약론이라는 세 가지 관점에서 분석한 이유는 밴틸의 접근법이 독특하고 진정한 개혁주의적이라는 점을 밝히기 위함이었고 이 점은 밴틸의 독특하고 획기적인 노력을 발전시키기를 거부한 개혁주의 신학자들이 깨닫지 못한 일이었다.

칼빈주의는 기독교의 최대 표현"이라는 워필드B.B. Warfield의 말에 동의한다면 우리는 밴틸의 기독교 변증이 "기독교 변증학의 최대 표현"이라는 말에도 동의할 수 있을 것이다. 교회 역사에서 그 어떤 접근법도 우리에게 불신을 도전하는 동시에 자유를 주는 것은 없었다. 이런 이유로 밴틸의 변증학은 20세기 개혁주의 신학의 발전에 가장 중요한 공헌을 했다고 하겠다.

항상 개혁하라 Semper Reformanda!

---

74) "전제적"이라고 불리기는 하지만 Van Til의 방법과는 거리가 먼 변증학자들로는 E.J. Carnell, Francis Schaeffer 등을 들수 있다. E.J. Carnell, <u>An Introduction to Apologetics</u> (Grand Rapids, Mich.: Wm. B. Eerdman's Publishing Co., 1948)과 Francis A. Schaeffer, <u>The Complete Works of Francis A. Schaeffer: A Christian Worldview</u> Vol. I, 특히 275-349를 참조하라. 카넬은 의식적으로 Van Til의 접근법에 반대했고 쉐이퍼는 20세기의 여러 가지 문제를 분석하는 작업에서 많은 Van Til의 주장을 사용했다. Van Til은 이 두 사람을 웨스트민스터 신학교에서 가르친 스승이며 개인적으로 본인에게 이 두 사람이 자기를 따라 진정한 개혁주의적 변증학을 펼치지 않은 사실에 대해 유감을 표시했다.

부록

왜 나는 하나님을 믿는가?
-Why I Believe in God?-

by Cornelius Van Til

내가 믿기로는 최근 과학자들과 철학자들이 종교와 하나님에 관해서 적지 않은 관심을 표명하여 왔다는 것을 여러분들도 감지하였을 것이다. 제임스 진스James Jeans와 아더 에딩튼 경Sir Arthur Eddington과 같은 과학자들은 하나님을 경험했다고 말하는 사람들의 주장에는 무엇인가가 있을법하다는 것을 기꺼이 인정하려 한다. 철학자인 조우드 박사Dr. C. E. M. Joad는 "악이라는 골칫덩어리"가 자신에게 하나님의 존재에 관한 논증을 새롭게 관찰할 수밖에 없도록 만들었다고 한다.

여러분은 가끔 죽음이 모든 것의 마지막인가를 자문해 본적이 있는가? 헬라의 위대한 철학자 소크라테스Socrates가 사약이 든 잔을 마시기전 날 어떻게 그 문제와 고민했는지를 회상해 보신 적이 있는가? 죽음 이후에 심판이라는 개념에 무슨 뜻이 있는지 자문해 보았는가? 아무 것도 없다는 것을 정말 확신하는가? 하나님이 없다는 것을 어떻게 알 수 있는가?

요컨대 책임감 있는 지성인으로서 여러분은 가끔 여러분 자신의 생각과 행동의 형성에 대해서 자문하곤 했을 것이다. 그러니까 소위 철학자들이 실체론이라고 부르는 것에 관해서 검토하였거나 아니면 최소한 관심을 두고 보았을 것이다. 그렇기 때문에 여러분은 내가 하나님을 믿는 이유에 대해서 기꺼이 경청하고 있는 것이다.

우리들의 과거에 대해서 한번 비교하면서 말을 시작해 보자. 유전이나 환경에 관한 토의는 우리 시대에 아주 두드러진 특징이다. 아마 여러분은 내가 하나님을 믿는 유일한 진짜 이유가 나의 유년시절에 그렇게 믿도록 가르침을 받았기 때문이라고 생각할 것이다. 물론 나는 그렇다고 생각하지 않는다. 내가 어릴 때 하나님을 믿도록 가르침을 받았다는 사실을 부인하는 것이 아니다. 하지만 성장해 오면서 나는 하나님을 믿는 것에 대해서 충분히 전개된 반론들도 익히 알고 있다는 것을 주장하고 싶다. 그런 논증들을 들은 이후에 나는 이전보다 하나님을 믿는 일에 더 열심을 가지게 되었다. 실상 이제 나는 하나님에 대한 나의 믿음이 배제된다면 역사와 문명 전체에 그 어떤 의미도 부과할 수 없게 됨을 느낀다. 이 점이 그렇게 중요하기 때문에 나는 하나님이 모든 것의 배후에 있지 않다면 여러분 역시 그 어떤 것에서도 의미를 찾을 수 없다고 주장하려 한다. 더구나 하나님을 기정사실로 받아들이지 않고서는 그 하나님에 대한 믿음을 논증할 수도 없다.

　이와 유사하게 나는 먼저 하나님을 기정사실로 받아들이지 않고서는 여러분도 하나님에 대한 믿음에 반론을 제기할 수 없음을 주장한다. 내가 보기에 하나님의 존재를 논증하는 일은 공기를 논증하는 일과 흡사하다고 생각한다. 여러분은 공기가 존재한다고 주장하고 나는 그렇지 않다고 주장한다고 하자. 하지만 우리가 이것을 논쟁하면서 나와 여러분 모두는 항상 공기를 호흡하고 있다. 또 다른 예를 들어보자. 하나님은 마치 그 하나님을 제거하기 위해서 사용하는 포를 고정시키기 위한 포좌와도 같다. 하지만 여러분이 나의 이야기를 잠시 들어본 이후에 여전히 [하나님을 믿는 것이] 유전이나 환경의 문제라고 생각한다 하더라도 나는 여러분과 그렇게 심하게 다투지는 않을 것이다. 나의 초점은 유년시절의 내 신앙과 지금 제 신앙에는 완벽한 조화가 있다는 것인데, 이유는 나의 어린 시절의 삶을 인도하시고 이후에 내 삶을 의미 있게 만드신 하나님 자신이 나의 [궁극적] 환경이기 때문이다.

우리는 자주 삶의 적지 않은 부분이 "출생의 우연"에 의존한다는 말을 듣는다. 나는 화란에서 태어났다. 소를 키우는 헛간이 있고 지붕을 짚으로 만든 조그만 집에서 태어났다. 주지사 사택에서 혹은 통나무집에서 태어난 사람들도 있을 것이다. 와싱톤 교외에 있는 현대적 병원의 한 분만실에서 여러분이 태어났다고 생각해 보자.

이런 사실이 우리 토의에 중요성을 갖는가? 물론이다. 우리 모두는 "기독교 문명권"에서 태어난 것이다. 그래서 이제 우리 토의를 "기독교의 하나님"으로 국한시킬 수 있을 것이다. 바로 이 하나님을 내가 믿고 있다. 여러분은 믿지 않거나 아니면 최소한 믿는지를 확신할 수 없는 상황일 것이다. 이렇게 한계를 설정하는 것은 우리의 토의에 도움을

준다. 존재할지 아니할지 모르는 하나님이 어떤 종류의 하나님이신지도 모르고 하나님의 존재에 관해서 말한다는 것은 전혀 의미가 없다.

우리는 이미 몇 가지를 이루어 놓았다. 최소한 우리는 어떤 종류의 하나님을 우리 대화의 주제로 둘 것인지에 대해 일반적인 이해를 갖게 되었다. 이제 하나님의 존재를 증명하거나 아니면 반증할 척도 혹은 규준에 대해서 유사한 기본적인 일치를 볼 수 있다면 [우리의 토의를] 계속해 갈 수 있을 것이다. 물론 여러분은 오늘 이 자리에서 여러분이 목도할 수 있도록 내가 하나님을 불러 오는 것을 기대하지는 않을 것이다. 만일 내가 그렇게 할 수 있다면 그런 하나님은 기독교의 하나님은 아니다. 여러분이 나에게 기대하는 모든 것은 여러분에게 하나님을 믿는 것이 합리적이라는 것을 밝혀 주는 일이다. 그리고 바로 그것이 내가 지금 하고자 하는 일이라는 것을 지체 없이 밝혀 두고 싶다. 하지만 재고해 보면 망설여지기도 한다. 여러분이 하나님을 정말 믿지 않는다면, 자연히 여러분은 여러분이 하나님의 피조물이라는 것도 믿지 않을 것이다. 하지만 하나님을 믿는 나 또한 자연히, 여러분은 어떻게 생각하든지간에, 여러분이 정말 하나님의 피조물이라는 것을 믿는다. 만일 그렇다면 하나님의 피조물이 하나님을 믿는 것은 당연히 합리적인 것이다. 그래서 내가 여러분에게는 합리적으로 보이지 않겠지만, 여러분이 하나님을 믿는 것은 합리적이라는 것을 보여주려고 한다.

우리의 성장 과정의 문제로 다시 돌아가 보자. 내가 짚단을 쌓아놓은 헛간 한 구석에 만들어진 모래 통에서 어릴 때 놀던 기억이 난다. 나는 그 짚단 헛간에서 외양간을 통과해서 집 안으로 들어가곤 했다. 소 헛간으로 통하는 문이 있는 그 짚단 헛간에는 일군들을 위한 침대도 있었다. 하룻밤만 그 침대에서 자도록 허락을 받기 위해 내가 얼마나 바랬었던지! 나는 마침내 허락을 받았다. 프로이드Freud는 나에게 아직 생소한 인물이었지만 귀신이나 "저승 사자" 등에 관한 이야기는 익히 들어 알고 있었던 나였다. 물론 소가 외양간에 있어 그 소들의 고삐들의 부딪히는 소리가 난다는 것을 알고 있었지만, 조금 지난 후에는 내가 들었던 모든 소리가 소들 때문에 나는 소리일까 의심하기 시작했다. 혹시나 소가 드나드는 통로로 누군가가 걸어서 내 침대 쪽으로 오고 있지나 않은지? 물론 밤에 잘 때 하는 기도를 이미 익히 알고 있었던 나였다. 이런 종류의 기도였다. "주님, 내가 회심할 수 있도록 회심시켜 주세요." 이 [기도에 담긴] 역설을 잘 깨닫지도 못한 채, 나는 그날 밤 이 기도를 이전에 해본 적이 없었던 것처럼 간절히 기도했다.

내가 겪었던 고민을 아버지니 어머니께 말씀드린 것 같지는 않다. 그분들은 나에게 현대적 처방을 해 주실 수도 없었다. 『심리학』이란 잡지나 심지어 『여성가정잡지』 같은 것이 그분들의 책상에 있지도 않을 때였다. 하지만 나는 그분들이 무엇이라고 답했을지 짐작할 수 있다. 물론 귀신이란 없고 나 역시 염려할 필요가 전혀 없었다. 왜냐하면 나는 나의 몸과 영혼으로 더불어 자기 백성을 지옥으로부터 구원해 천국으로 갈 수 있도록 나를 위해 십자가에서 죽으시고 다시 부활하신 내 구주에게 속해 있었기 때문이었다. 오히려 나는 자주 그리고 열심히 성령께서 나에게 새로운 마음을 주셔서 참으로 자아와 죄보다는 하나님을 사랑할 수 있도록 기도해야 했다.

바로 이런 것들을 나의 부모님이 나에게 말씀해 주셨을 것이라고 어떻게 짐작할 수 있을까? 그런 종류의 것들을 나의 부모님이 자주 말씀해 주시곤 했기 때문이다. 다르게 말하자면 그런 종류의 것들이 우리 일상생활의 분위기를 형성하고 있었기 때문이다. 우리 집은 엄격한 경건주의적 가정은 아니었다. 내가 기억하기로 어떤 큰 격정적인 역사가 일어난 경우는 없었다. 여름에는 건초를 만드는 일로, 겨울에는 소떼와 양떼들을 돌보는 일로 법석이었지만 이 모든 일 가운데서도 거기에는 아주 심오한 조건적 분위가 있었다. 부흥이라는 격정적인 폭우는 쏟아지지 않았지만 상대적인 [영적] 습도는 항상 굉장히 높았다. 매 식사 때마다 모든 가족이 모였다. 시작 기도도 있었지만 마침 기도도 있었고, 매번 성경 한 장을 읽었다. 성경은 창세기부터 계시록까지 순서적으로 읽었다. 아침, 저녁 어떤 경우이든지 신약성경 말씀을 듣든지 아니면 "스본 가족, 학기 가족, 수니 가족, 오스니 가족, 에리 가족, 아렐리 가족 등으로 이어지는 하나님의 자녀들"에 관한 말씀을 들었다. 거기에 담긴 의미를 내가 항상 다 이해했다고 말할 수는 없다. 그러나 [그것이 나에게 미친] 전체적인 영향에 관해서는 의심할 여지가 없다. 성경은 한 마디 한 마디, 그 모든 부분에 있어서 나에게 바로 하나님의 말씀으로 다가 왔다. 성경의 이야기를 믿어야만 한다는 것과 "믿음"이 하나님의 선물인 것을 배웠다. 과거에 일어난 일, 특별히 과거 팔레스틴에서 일어난 일은 나에게 가장 위대한 순간이었다. 요약하자면, 나는 조우드 박사Dr. Joad가 말하는 것처럼 "지형적이고 시공적인 편협성topographical and temporal parochialism" 가운데 성장한 것이다. 나는 가장 철저한 모습으로 "조건 지워진" 것이다. 나는 기독교의 하나님, 성경 전체의 하나님, 바로 그 하나님을 믿지 않을 수가 없게 되었던 것이다.

여러분의 유년시절은 이렇게 제약되지 않았을 수도 있다. 내가 생각하기로 여러분의 부모는 종교적인 견해에 있어서 상당히 계몽한 사람이었을 수도 있다. 그래서 그들은 팔레스타인의 성경 대신에 세상의 다른 성경을 여러분에게 읽어 주었을 것이다. 여러분의 부모 가운데는 아예 그런 것을 해 준 일이 없는 분도 있을 것이다. 어릴 때부터 종교적인 것으로 여러분을 골치 아프게 만들지 않고 싶었는지도 모른다. 그래서 유년시절부터 개방적 사고를 기를 수 있도록 말이다.

그렇다면 이제 나는 삶의 초기에서부터 하나님을 믿도록 조건 지워진 반면, 여러분은 여러분이 원하는 대로 자신의 판단을 개발할 수 있도록 자유스럽게 방치되었다고 말할 수 있을까? 결코 그렇지는 않다. 여러분도 알다시피 모든 아이들은 그 환경에 의해서 조건 지워진다. 내가 하나님을 믿도록 된 것처럼, 여러분도 하나님을 믿지 않도록 철저히 조건 지워진 것이다. 그렇다면 이제 우리는 서로 누가 더 잘났다고 싸울 필요는 없다. 여러분이 나에게는 신앙이란 것이 내 목구멍 속으로 [나의 의사와는 관계없이, 어쩔 수 없이] 쏟아 부어졌다고 말한다면, 나도 여러분에게는 불신앙이 여러분의 목구멍 속으로 쏟아 부어졌다고 항상 반박할 수가 있다.

다섯 살이 미처 못되던 나이에 다행히도 지금은 기억할 수 없는 누군가가 나를 학교로 데리고 갔다. 첫 날 나는 예방주사를 맞았는데 아팠다. 지금도 [그 기분을] 느낄 수 있다. 하지만 학교에 가기 아주 오래 전부터 나는 교회에 다녔다. 내가 이것을 기억할 수 있는 이유는 [교회에 가는 날엔] 가끔 잘 닦은 가죽 신발을 신었던 것 때문이다. 사실 나 같은 경우, 다른 어떤 곳에 가보기도 전에 교회에 갔다고 말할 수 있는데, 이유는 유아였을 때 세례를 받기 위해 교회에 갔기 때문이다. 세례식에서 나는 죄 가운에 잉태되었고 태어났다는 사실이 엄중하게 선포되는 예문이 낭독되었는데 이것은 나의 부모도 모든 사람과 마찬가지로 인류를 대표하는 첫 번째 조상 아담으로부터 죄를 전가 받았다는 사실을 염

두에 둔 것이었다. 나아가 예문에는 비록 어찌할 수 없는 죄로 조건 지워졌더라도, 언약의 자손인 나는 그리스도 안에서 구속함을 받았다는 것도 선포되었다. 그 예식에서 나의 부모님은 엄중히 약속하기를 내가 이해할 수 있는 나이가 되면 그들이 할 수 있는 모든 수단을 동원하여 이 모든 것을 나에게 교훈하기로 하였다.

이 서약에 따라서 나의 부모님은 나를 기독학교에 보냈다. 거기서 나는 나라는 존재가 죄로부터 구원을 받았고 하나님께 속해 있다는 사실을 내가 알았고 행했던 모든 것에 관해 의미가 있다는 것을 배웠다. 자연 가운데 하나님의 능력을 그리고 역사의 과정 가운데 하나님의 섭리를 보았다. 이것은 그리스도 안에 있는 나의 구원에 관해서 온당한 관점을 제공했다. 요컨대 학교 교육을 통해 점진적으로 열려진 엄청나게 광활한 세계는 그리스도를 통해 하나님의 자녀가 된 나에게 전능하시고 전지하신 하나님의 인도하심 아래에서 그 모든 국면에 있어서 작동되고 있었던 것이다. 그래서 나는 모든 학과목 분야에 있어서 하나님을 좇아 하나님의 생각을 하도록 배우게 되었다.

물론 학교 운동장에선 싸움도 벌어졌다. 그리고 전부는 아니었지만 나도 거기 가담한 적이 있었다. 이 전투에서 나무로 만든 신발은 기막힌 무기였다. 그러나 우리는 방어의 목적이라 할지라도 이 나무 신발은 사용하지 못하도록 엄격히 규제받았다. 싸움판과 연관된 죄와 악에 관해서 우리 선생님과 부모들은 항상 우리에게 교훈했다. 특별히 우리 군사들이 공립학교 아이들과 전투를 치루기 위해 나갔을 때 그러했다. 공립학교 아이들은 우리를 좋아하지 않았다. 그 아이들은 아주 심오한 욕설로 무장했다. 우리는 우리를 어떻게 생각한 것일까? 너무 착한 아이들이어서 공립학교에 다닐 수 없는 귀염둥이였다! "보아라, 너희들과는 비교가 되지 않지!" 우리의 대답은 그런 종류였다. 한편 우리들의 우월감은 하늘 높은 줄 모르고 높아만 갔다. 그 날 저녁에 우리는 "세상"의 조롱을 인내로 참아내어야 한다는 것을 배우라고 종용받았다. 가인Cain의 때부터 세상은 교회를 증오하지 않았던가?

내가 믿기로 여러분의 어린 시절의 교육은 상당히 달랐을 것이다. 여러분은 "중립적"인 학교에 다녔다. 여러분의 부모가 집에서 한 것처럼, 여러분의 선생님도 학교에서 가르쳤을 것이다. 그들은 여러분에게 "개방적open-minded"이어야 한다고 가르쳤다. 자연이나 역사 공부와 연관해서 하나님은 등장하지도 않았다. 대체적으로 여러분은 편견 없는 without bias 훈련을 받았다.

물론 지금은 여러분도 잘 알고 있다. 그 모든 것이 단순한 상상에 불과했다는 것을. "편견이 없다"는 것도 또 다른 특정한 종류의 한 편견에 불과하다. "중립성neutrality"의 개념은 하나님에 대한 부정적 태도를 덮어주는 색깔 없는 겉옷에 불과하다. 최소한 기독교의 하나님에 대해서 찬성하지 않는 사람은 그 하나님을 반대하는 사람이란 것을 분명히 해야 한다. 보세요, 기독교의 하나님은 그런 막대한 주장들을 하시는 분이시다. 그는 전 세계가 그에게 속해 있다고 말씀하시고, 여러분은 그의 피조물이며 따라서 여러분이 먹든지 마시든지 무엇을 하든지 하나님을 영화롭게 함으로 그 사실을 고백하라고 말씀하신다. 그러니까 하나님은 여러분이 하나님 소유의 땅에 살고 있다고 말씀하시는 것이다. 하나님이 소유한 땅에는 어디를 가든지 거대한 소유권자 표시판이 있어서 시간당 130킬로로 달리는 사람도 그 표시판을 읽을 수가 있다. 이 세상의 모든 사실들에는 지울 수 없는 하나님의 도장이 찍혀 있다고 성경의 하나님은 주장하신다. 그렇다면 그런 하나님에 대해서 어떻게 여러분이 중립적일 수 있겠는가? 미국 시민인 여러분이 7월 4일[1] 워싱톤에서 군중 속을 거닐면서 링컨 기념관이 누구의 것일까 하고 고민하시겠습니까? 높이 달린 깃대에 휘날리는 영예스러운 성조기를 보면서 그 국기가 무엇을 상징하는지 고민하시겠는가? 만일 미국인인 여러분이 미국에 대해서 중립적이라고 한다면 그 사람은 "조국도 없는 인간"이라는 운명의 고통을 받는 것이 마땅하다. 이제 보다 좀 깊은 의미에서 생각할 때 여러분의 창조주인 하나님을 여러분이 모시지 않고 영광스

---

1) 미국 독립 기념일 (역자주).

럽게 하지 않는다면, 여러분은 하나님 없이 영원히 살아야 하는 것이 마땅하다. 여러분은 하나님을 그리고 더구나 하나님의 형상인 여러분 자신을 여러분 자신의 최종적 목적을 위해 감히 조종하려 해서는 안 된다. 에덴동산에서 하와가 하나님과 마귀 사이에서 이들의 주장이 마치 동등한 가치를 지니고 있는 것처럼 중립적이려고 했을 때, 하와는 그 순간 이미 마귀의 편에 서 있었던 것이다.

지금 내가 하고 있는 대화의 내용에 관심이 없으신 것 같군요. 그러나 여러분은 개방적이고 중립적인 분들이 아닌가요? 여러분은 생활 이론으로서 모든 가설들은 다른 것들과 동일한 입장에서 경청되어야 한다고 배우신 분들이 아닌가요? 나는 단지 기독교적 하나님의 개념 속에 담긴 것이 무엇인지 여러분에게 보여주기를 구하고 있을 뿐이다. 기독교의 하나님이 존재한다면, 그의 존재에 대한 증거는 풍부하고 명백하기 때문에 그런 하나님을 믿지 않는 것이야 말로 비과학적이고 죄악 된 일이다. 하나님의 존재에 대한 증거가 명백하다면 모든 사람이 믿을 것인데 그렇지 않기 때문에 "하나님에 대한 증거는 결코 명백하지 않다"라고 조우드 박사Dr. Joad가 말했는데, 이것이야 말로 논점을 흐리고 있는 말이 아닐 수 없다. 만일 성경의 하나님이 존재한다면, 그 하나님에 대한 증거는 명백해야만 한다. 따라서 왜 "모든 사람"이 하나님을 믿지 않는지에 대한 이유는 "모든 사람"이 죄로 인해 볼 수 없게 되었기 때문이다. 모든 사람은 색안경을 쓰고 있다. 눈먼 사람들이 사는 계곡 이야기를 들어 본 일이 있을 것이다. 여기에서 빠져 나갈 길은 없다. 그런데 태양을 보고 무지개의 색깔을 본 어떤 사람이 눈 먼 사람들에게 그 이야기를 아무리 해 주어도 이들은 믿지 않을 것이다. 그러다가 이 사람이 사랑의 언어로 이야기를 들려주자 한 소박한 여자 아이가 그 이야기를 믿게 되었다. 이 여자 아이의 아버지는 존재하지도 않는 것들을 자주 이야기하는 정신병자 같은 이 사람과 딸이 결혼하는 것을 승낙할 수 없었다. 마침내 눈먼 사람들의 대학교에 있던 유명한 심리학자들은 이 사람의 눈꺼풀을 꿰매어 버림으로 그 정신병을 치료할 것을 제안하였다. 그렇게 한다면 그 사람도 "모든 사람"처럼 정상이 될 것이라고 공언하였다. 그러나 그 단순한 선각자는 과연 자신이 태양을 보았노라고 항거했다고 한다.

나는 여러분의 의지를 변화시키기 위해 여러분의 마음뿐만 아니라 여러분의 시각을 변화시키기 위해 여러분의 눈도 수술할 의도가 있다. 그런데 잠깐만 기다려 보라. 아니다. 내가 수술할 것을 제안하지는 않는다. 나는 그런 것을 할 수 없는 사람이다. 나는 여러분에게 여러분이 죽었다는 것 그리고 볼 수 없다는 사실에 대해 여러분 스스로 곰곰이 생각할 것을 제안할 뿐이다. 그 수술이 시행되어야 한다면, 그 수술은 하나님 당신만이 하실 수 있다.

자 이제 시작했던 이야기를 끝내보도록 하자. 10세 때 나는 미국에 이민을 왔고 수년 이후에 나는 목회를 위해 공부하기로 결심했다. 이를 위해 기독교 학교와 대학교에서 기초적 수업을 받았다. 나의 모든 선생님들은 기독교적 관점에서 과목들을 가르치기로 서약하신 분들이었다. 종교뿐만 아니라 수학을 기독교적 관점에서 가르친다고 한번 상상해 보라! 정말 그렇게 가르쳤다. 다른 것은 물론이고 수학적인 것을 포함한 모든 사실들은 그 연관성에 있어서 그것을 향한 하나님의 전 포괄적 계획 때문에 사실들이라고 배웠다. 어떤 사태들에 대한 정의조차도 하나님이 배제된다면 그것은 단지 불완전할 뿐 아니라 그릇된 것이었다. 그렇다면 다른 사람들의 견해는 배우지 않았을까? 진화론 혹은 하나님의 존재에 대한 모든 논증들은 타당하지 못함을 결정적으로 보여주었다는 임마누엘 칸트Immanuel Kant에 대해서 우리는 듣지도 못했을까? 물론 이런 것들도 듣고 배웠지만 이에 대한 반론도 주어졌고 이러한 반론들은 모든 경우에 있어서 적절했다.

내가 다닌 신학교들, 즉 칼빈신학교와 1929년 현대주의자들의 노선을 따라 재편성되기 이전의 프린스톤신학교에서의 상황도 십시일반이었다. 그래서 예를 들자면 로버트 딕 윌슨 박사Dr. Robert Dick Wilson는 우리의 언어 이해가 미칠 수 있는 만큼 고대 문서로부터 "고등비평가들"은 하나님의 말씀인 구약성경에 대한 우리의 어린 아이와 같은 신앙에 당연히 해를 끼칠 수 있는 그 무엇도 이루어 놓지 못했음을 가르쳐 주고 보여주었다. 비슷하게 그레샴 메이천 박사 Dr. J. Gresham Machen와 다른 교수들도 신약의 기독교는 지성적으로 변증될 수 있으며 성경의 주장은 옳다는 것을 논증해 주었다. 그분들의 책을 직접 여러분이 읽어 보면서 그들의 논증을 판단해도 좋을 것이다. 요약하자면 나는 역사적 기독교의 이야기와 그것이 기초하고 있는 하나님에 대한 교리에 관해서 그것을 믿었고, 그 의미를 능히 해석할 수 있었던 최고의 사람들로부터 여러 가지 각도에서 반복해서 들었던 것이다.

내가 이런 이야기를 함으로 기본적인 문제를 간단하고 단순하게 만드는데 도움이 될 것이라고 믿는다. 이제 여러분은 어떤 종류의 하나님을 여러분에게 내가 말하고 있는지 꽤 분명하게 알게 되었을 것이다. 내 하나님이 존재한다면 그 분은 내 부모님과 선생님의 배후에 계셨던 분이시다. 바로 내 어린 시절의 삶을 조건 지워주신 하나님이 모든 것을 조건 지워주셨다. 하지만 또한 여러분의 어린 시절의 삶을 조건 지워주신 그 하나님이 모든 것을 조건 지워주셨다. 하나님, 성경의 하나님은 모든 것을 조건 지우시는 분the All-Conditioner이시다.

모든 것을 조건 지우시는 분이신 하나님은 모든 것을 의식하는 분the All-Conscious One이시다. 모든 것을 통제하시는 하나님은 "당신의 의지의 경륜"에 의해서 모든 것을 통제하셔야만 한다. 그렇지 않다면, 그런 하나님은 자신도 조건 지워져야 할 수 밖에 없다. 자, 그렇다면 나의 주장은 내가 하나님을 믿는 것과 여러분이 하나님을 믿지 않는 것 모두가 똑 같이 하나님이 없다면 무의미하다는 것이다.

지금쯤 여러분 가운데 그런 하나님을 믿는 것에 대해 제기된 반론을 내가 들어 보았을까 하고 의아해 하는 사람들도 있을 것이다. 물론 들어보았다. 그런 반론에 대한 반론을 추구했던 나의 선생님들로부터 들었는가 하면, 또한 그런 반론에 대해선 반론을 제기할 수 없다고 믿었던 선생님들로부터도 들었다. 내가 프린스톤신학교 학생이었을 때, 시카고신학대학Chicago Divinity School에서 여름학기 강의를 들었던 적이 있다. 물론 나는 거기서 전개되고 있는 현대주의적 혹은 자유주의적 성경관을 들었다. 나중에 신학교를 졸업한 이후 나는 프린스톤대학교Princeton University에서 2년 동안 대학원 과정에서 철학을 공부했다. 아주 유능한 인물들이 현대철학의 이론들을 전개해 나갔고 변증해 나가고 있었다. 요약하자면 나에게는 신앙에 대한 이유들 뿐 아니라, 불신앙의 이유들에 대한 충분한 명제들도 제시되었다. 그 가르치는 것을 믿었던 사람들로부터 나는 양쪽 모두의 입장을 충분히 경청했던 것이다.

현대과학과 철학이 제시하는 논증들과 사실들을 숙지한 [나와 같은] 사람이 어떻게 세상을 정말 창조한 하나님, 그런 하나님이 품고 있는 목표를 향해 그 계획을 따라 세상에 있는 모든 것을 정말 이끌어 가시는 하나님을 믿을 수 있을까, 아마 이해하지 못할 사람도 있을 것이다. 사실 나는 현대과학, 현대철학 그리고 현대 성경비평이 말하고 있는 모든 반론에도 불구하고 고유의 신앙을 고수하고 있는 많은 사람들 가운데 한 사람에 불과하다.

물론 지금 하나님을 믿는 것에 대해 펼쳐진 반론에 대한 모든 사실들과 이유들을 토의할 수는 없다. 구약 혹은 신약 연구에 평생을 바치고 있는 사람들이 있다. 성경적 비평학의 논점에 대한 자세한 논박을 원한다면 그들의 연구를 참고하면 될 것이다. 다른 이들은 물리학이나 생물학을 전공하기도 한다. 진화론과 같은 문제들과 연관된 여러 논점들에 대한 토의를 원한다면 그 사람들을 참고하면 될 것이다. 하지만 이 모든 토의에 깔려 있는 그 무엇이 있다. 이제 바로 그 무엇에 관해서 나는 다루려고 한다.

여러분은 내가 내 자신을 너무 적나라하게 노출시켰다고 생각할지 모르겠다. 현대주의자, 바르트주의자 그리고 신비주의자들의 유행을 따라서 경험으로부터 동떨어지고 내용도 비어있어서 인간에게 그 어떤 요구도 하지 않는 하나님, 무엇인가 애매하고 부정확한 그런 하나님에 관해서 이야기하기보다 "구시대의" 과학과 "모순적인" 논리로 내가 여러분에게 하나님의 개념을 덮어씌웠다고 볼지도 모르겠다. 찾아보면 가장 받아들일 수 없는 종류의 하나님을 내가 제시했기 때문에 엎친데 덮친 격으로 보일 수도 있을 것이다. 여러분은 내가 일으킨 거품을 터뜨리는 것이 아주 쉬운 일이라고 여길 수도 있다. 여러분 가운데는 물리학, 생물학, 인류학 그리고 심리학에 관한 대학교의 대표적인 교과서들로부터 여러 가지 사실들을 추출해 내어서 내 머리 위에 쌓아 놓거나, 아니면 칸트Kant의 유명한 책 『순수이성비판』으로부터 발굴해 낸 60톤 탱크로 나를 분쇄해 버릴 준비가 되어 있을지도 모른다. 하지만 나는 이런 뜨거운 목욕탕에 이미 심심치 않게 내던져진 경험이 있다. 여러분이 더운 물을 트는 고생을 하기 이전에 주지하고 싶은 한 가지 예비적 요점이 있다. 이것은 우리가 척도 혹은 규준의 문제를 토의할 때 이미 언급한바 있는 점이다. 그 요점은 이것이다. 여러분은 하나님을 믿지 않기 때문에 여러분을 하나님의 피조물로 간주하지 않는다. 그리고 하나님을 믿지 않기 때문에 여러분은 우주가 하나님에 의해 창조되었다고 생각지도 않는다. 말하자면 여러분은 여러분과 세상을 그냥 존재하는 것으로 생각한다. 하지만 실제로 여러분이 하나님의 피조물이라면, 여러분의 현재 태도는 그 하나님께 대하여 몹시 공정하지 못하다. 그런 경우 심지어 그것은 하나님에 대한 모욕이다. 따라서 여러분이 하나님을 모욕했기 때문에 하나님의 노여움이 여러분 위에 머물러 있다. 하나님과 여러분은 "대화할 수 있는 상황"에 있지 않다. 그리고 그런 여러분은 하나님이 존재하지 않는다는 것을 증명하려고 노력해야 하는 아주 충분한 이유를 가지고 있다. 그렇기 때문에 여러분은 색안경을 쓰고 있는 것이다. 그리고 이것이 하나님을 믿지 않는 이유와 사실들에 관해 여러분이 말하는 모든 것을 결정짓는다. 마치 여러분은 하나님께 허락을 구하지도 않고 하나님이 소유하신 땅에 들어와서 소풍도 하고 사냥도 즐기는 것과 같다. 여러분은 하나님께 그 어떤 대가도 치루지 않고 하나님의 포도원에서 포도를 따 먹고 있고, 이제 그 대가를 요구하는 하나님의 대표자들 [기독인들]도 모욕하고 있는 것이다.

이 시점에서 내가 여러분에게 사과를 드려야 하겠다. 하나님을 믿는 우리들도 이런 입장을 항상 명백히 하지는 않았다는 점이다. 우리도 자주 사실들과 납득할만한 추론들을 놓고 마치 이것들이 무엇인지에 대해 여러분과 합치하는 것처럼 이야기하곤 했다는 것이다. 하나님의 존재에 대한 우리의 논증에 있어서 여러분과 우리가 함께 합치하고 있는 지식의 영역이 있다고 우리도 자주 가정했다. 하지만 우리는 삶의 그 어떤 차원에 있어서도 여러분이 사실을 진정으로 파악하고 있다고 인정하지 않는다. 여러분이 이생 이후의 삶에 대해서 말할 때는 물론이고 닭이나 소에 관해서 말할 때에도 우리는 진정으로 여러분이 코에 색안경을 걸치고 있다고 생각한다. 과거 이 점을 우리가 여러분에게 더 분명하게 말했어야 했다. 하지만 우리는 여러분에게 아주 괴상하거나 극단적인 입장처럼 비칠 수도 있다는 것 때문에 사실 좀 부끄러워했던 것이다. 우리는 여러분을 범하지 않으려고 애쓰다가 오히려 우리 하나님을 범하고 말았다. 하지만 이제 우리는 감히 하나님이 정말 누구신가를 더 축소시키거나 더 부정확하게 여러분에게 제시하려 하지 않는다. 하나님은 모든 것을 조건 지우시는 분, 하나님을 부인하는 사람도 그 하나님께 의존해야만 하는 초석으로 제시되기를 원한다.

나에게 여러분의 모든 이유들을 제시함에 있어서 여러분은 그런 하나님은 존재하지 않는다고 가정했다. 여러분은 여러분 밖에 있는 그 어떤 초석의 필요성도 없다는 것을 가정했다. 여러분 자신의 경험의 자율성을 가정했다. 결과적으로 여러분은 여러분의 자기 충족성을 도전하는 그 어떤 사실도 사실로 받아들일 수 없고, 받아들이려고도 하지 않는다. 그리고 여러분의 지적 능력의 범위에 맞지 않는 것은 모순적이라고 선언할 태세이다. 옛날 프로크루스투스 Procrustus가 자기 침대를 척도로 삼아 저질렀던 일을 기억하실 것이다. 방문객의 키가 크면 양쪽 끝을 조금 잘라 버렸다. 키가 너무 작으면 커튼 늘리는 것을 사용해 [자기 침대에 맞게 그 키를] 늘렸다. 내가 느끼기로 바로 이런 것을 여러분이 인간 경험의 모든 사실들을 놓고 행했다는 것이다. 여러분에게 부탁하는 것은 여러분 자신의 가장 기본적인 가정basic assumption에 대해서 비평적이어 보라는 것이다. 여러분이 삶의 표면을 검사하느라 이리 저리 바쁘게 다니는 동안 여러분 자신의 경험의 지하실에 무엇이 쌓여가고 있는지를 한번 살펴보지 않겠는가? 여러분이 발견하는 것에 여러분도 굉장히 놀라게 될지 모른다.

내 말의 의미를 더욱 분명히 하기 위해 현대철학자들과 과학자들이 어떻게 기독교의 사실들과 교리들을 다루는지 지적함으로 일례를 삼겠다.

기독교의 모든 사실들과 교리들의 기본에 하나님을 믿는 일에 포함되어 있는 것은 창조교리이다. 현대 철학자와 과학자 절대다수는 그런 교리를 주장하는 것과 그런 사실을 믿는 것은 인간 자신의 경험을 부인하는 것이라고 본다. 단순히 창조 시에 그것이 이루어진 것을 본 사람이 없다는 뜻에서가 아니라, 보다 기본적인 의미에서 창조는 논리적으로 불가능하다는 뜻에서 이다. 그들은 창조교리가 근본적인 논리법칙들을 파괴한다고 주장한다.

창조론을 반대하는 현대논증은 칸트Kant로부터 비롯되었다. 보다 최근에 철학자 제임스 와드James Ward의 말은 그 적절한 표현일 것이다. "세상과 동떨어진 하나님을 착상하려 시도한다면, 여기에는 우리를 창조로 유도할 수 있는 것이 아무 것도 없다."[2] 말하자면 하나님이 우주와 어떤 연관성을 갖기 위해서는 그 하나님이 우주의 상황들에 종속되어야만 한다는 것이다. 옛 창조론은 하나님이 세상을 존재하도록 만드신 원인이라고 말한다. 그런데 여기에서 원인cause이라는 말이 무슨 뜻인가? 우리 경험에서 볼 때, 그 말은 논리적으로 결과effect와 상관성이 있는 말이다. 어떤 결과가 있다면 거기에는 원인이 있어야만 하고, 어떤 원인이 있다면 거기에는 결과가 있어야만 한다는 것이다. 하나님이 창조의 원인이라면 그럴 수밖에 없었는데, 왜냐하면 하나님은 결과를 산출해내지 않을 수 없었기 때문이라는 것이다. 그렇다면 결과는 실제적으로 원인의 원인이라고 볼 수 있게 된다. 그러므로 인간의 경험은 세상이 하나님에게 의존하는 것처럼, 세상에 의존하는 하나님 외의 다른 하나님을 용납할 수 없다는 것이다.

기독교의 하나님은 자율적 인간의 이러한 요구사항을 들어줄 수 없다. 하나님은 극도로 충만하다고 선언하신다. 하나님은 필연성이 아니라 당신의 자유로운 의지에 따라 세상을 창조했다고 선언하신다. 하나님은 세상을 창조하셨을 때 당신의 마음을 변경하신 것이 아니라고 선언하신다. 그래서 [비 기독인은] 하나님의 존재하심이 불가능하다고 말하고 창조론은 부조리하다고 말하는 것이다.

---

2) *Realm of Ends*, 397.

섭리의 교리 역시 경험과 맞지 않는다고 한다. 어쩌면 당연한 일이다. 창조를 거부하는 사람이라면 논리적으로 섭리도 거부할 수밖에 없다. 모든 것들이 하나님의 섭리에 의해 통제된다면, 새로운 것은 있을 수 없고 역사는 단지 꼭두각시 인형의 춤일 뿐이라고 보게 된다.

여러분에게 하나님의 존재를 증명하기 위해 내가 수많은 사실들을 제시할 수도 있다. 모든 결과는 원인을 필요로 한다고 말할 수도 있다. 자연에 있어서 하나님의 목적에 대한 증거로 눈이라는 기막힌 구조를 지적할 수도 있다. 과거로부터의 인류 역사를 보면서 그것이 하나님에 의해 인도되고 통제되어온 것도 보여줄 수 있다. 그러나 이 모든 증거들이 여러분에게는 영향을 주지 않을 것이다. 우리가 어떻게 실체의 세계를 설명하든지간에 하나님을 등장시킬 수 없다고 여러분이 말할 것이기 때문이다. 원인과 목적이라는 단어는 우리 인간이라는 존재가 우리 주위의 것들과 연관해서 사용하는 말일 뿐인데, 왜냐하면 우리 자신이 행동하는 것처럼 그것들도 행동할 따름이라고, 그것이 전부라고 여러분은 보기 때문이다.

그리고 기독교 일반에 대한 증거가 여러분에게 제시되었을 때도 결과는 마찬가지이다. 성경의 예언들이 성취된 점을 여러분에게 지적하더라도 여러분은 그것이 나와 다른 사람들에게 그렇게 된 것처럼 보여 질 뿐이지 실제로 그 어떤 사람도 과거로부터 미래를 예언하기는 가능하지 않다고 보기 때문이다. 만일 예언 성취가 진짜라면 모든 것들은 결정되어버렸고 역사에는 새로움이나 자유함이 없다고 간주할 것이다.

내가 수많은 기적들을 제시하더라도 이야기는 똑 같을 것이다. 이 점을 예증하기 위해 걸출한 현대주의 신학자 고 윌리엄 아담스 브라운 박사Dr. William Adams Brown의 말을 인용해 보겠다. "과거의 기적들 가운데 동정녀 탄생, 나사로를 일으킨 일, 예수 그리스도 의 부활 등 아무 것이나 택해 보라. 그리고 발생했다고 주장되고 있는 것처럼 이 사건들을 증명할 수도 있다고 생각해 보자. 그래서 성취한 것이 무엇인가? 단지 우리가 과거에 가졌던 가능성의 한계를 늘려야 한다는 것을 보여주었을 뿐이다. 이전에 우리가 가진 일반화가 너무 좁기 때문에 변경이 필요하다는 점을 보여준 것이다. 생명의 기원과 그 갱신에 관해 우리가 의식하지 못했던 문제 덩어리가 있다는 것을 보여준 것이다. 하지만 한 가지 분명히 보여주지 않은 것, 사실 보여줄 수가 없는 것은 기적이 일어났다는 주장이다. 왜냐하면 [기적이 일어났다고] 하는 것은 이런 문제들이 내재적으로 풀 수 없는 것이고, 이는 모든 가능한 시험들이 행해진 이후에야 결정될 수 있음을 인정 하는 것이기 때문이다."[3] 지금 브라운이 얼마나 자신만만하게 기적의 개념에 반대해서 논리적 불가능성

---

3) *God at Work* (New York, 1933), 169.

이라는 무기를 사용하고 있는지 보고 있는가? 과거 많은 성경비평가들은 이런 저런 점을 들어 기적에 대한 증거에 도전했다. 말하자면 그들은 기독교라는 섬에 천천히 그리고 조금씩 상륙작전을 폈다. 그런데 브라운은 지금 하늘에서 수많은 폭격기로 이 문제를 당장에 해결하려 하고 있다. 당장 파괴할 수 없는 토치카는 나중에 쓸어버리려고 하고 있다. 그는 전쟁터를 먼저 빨리 장악하려 하고 있는 것이다. 그리고 그는 비모순율the law of non-contradiction을 적용하여 직접적으로 이를 이행하고 있다. 브라운의 말은 내 논리의 법칙에 따라 논리적으로 연관될 수 있다는 것을 보여 줄 수 있는 것만이 가능한 일이라는 것이다. 그래서 기적이라는 것이 과학적 입지를 확보하려면, 즉 진짜 사실로 인정되려면 과학적 노력이라는 본토 입구의 항구에서 입국 허가를 위해 소송을 제기해야 한다는 것이다. 그리고 이 입국 허가는 기적으로부터 기적의 독특성을 박탈하는 미세한 일반화의 과정에 순복하면 이내 주어질 일이다. 기적은 과학의 공화국에 선거권을 행사하기 위해 이민 수속 절차를 통과해야만 한다는 것이다.

이제 내가 언급해 드린 네 가지 요점들, 즉 창조, 섭리, 예언 그리고 기적을 생각해 보라. 이것들은 함께 기독교 유신론의 총체를 형성한다. 이들은 함께 하나님의 개념에 내재되어 있는 것 그리고 하나님이 우리와 우리 주위에 있는 것에 대해 행하신 것을 포함하고 있다. 자주 그리고 여러 가지 방법으로 이 모든 것에 대한 증거가 제시되었다. 그런데 여러분은 항상 용이하고 효과적인 방안을 가지고 있다. 불가능하다! 불가능하다!라는 것이다. 하나님의 존재에 반대해 올리는 보통 철학자와 과학자의 모든 반론에서 기본적으로 작용하는 것은 그런 증거를 받아들이는 것이 논리의 규칙에 어긋난다는 주장 혹은 가정이다.

이제 문제의 핵심으로 파고들기 이전에 또 한 번 여러분께 사과를 드려야 하겠다. 하나님의 존재에 대한 증거에 관해 충분한 논의가 제시되었던 많은 사람들이 그럼에도 불구하고, 하나님을 믿지 않는다는 사실은 믿고 있는 우리들을 참으로 실망시켰다. 그래서 우리는 절망의 방책을 마련했다. 선한 뜻을 이길 목적으로 우리는 또 다시 우리 하나님을 타협했던 것이다. 사람들이 보지 못한다는 사실을 주목한 우리는 그들이 보아야 할 것이 너무 보기가 어렵다고 양보했던 것이다. 사람들에게 환심을 사겠다는 관심 때문에 우리는 하나님의 존재에 대한 증거가 단지 아마도[개연적으로] 강력한 것이라고 격하시켰다. 바로 이런 치명적인 고백으로부터 우리는 마침내 한 걸음 더 나아가 하나님의 존재에 대한 증거는 전혀 강력하지 않다고 사실상 인정하는 지점에까지 떨어지고 말았다. 사실 하나님은 논증의 마지막에서가 아니라 우리의 마음속에서 찾게 되는 분이라고 우리가 말하지 않는가? 그러니 사람들에게 한 때 우리가 죽었지만 이제 살게 되었노라, 한 때 우리가 보지 못했지만 이제 우리가 보노라고 단순하게 증거만 하고 모든 지적 논증을 포기하고 말았던 것이다.

여러분 생각에 우리 하나님이 이런 추종자들의 태도를 옹호하실 것 같은가? 나는 그렇게 생각하지 않는다. 모든 사실들을 만들었고 거기에 자신의 도장을 찍었다고 선언하시는 하나님은 보기를 거부하는 사람들에게 정말로 어떤 핑계거리가 있다는 것을 인정하지 않으신다. 게다가 그런 절차는 자멸적인 것이다.

이제 철학자와 똑같은 기초위에 서있는 현대종교 심리학자는 우리의 증거에 대해 무슨 말을 하는지 살펴보자. 그는 원초적 자료raw data와 그 원인its cause을 구분한다. 그리고 원초적 자료는 저에게 맡기고 자신은 그 원인의 설명을 취한다. 브린마대학Bryn Mawr College의 유명한 심리학자 제임스 루바James H. Leuba 교수는 전형적인 그런 절차를 밟는 인물이다. 그는 말하기를 "어떤 주어진 자료의 실체-여기서 사용되는 용어의 의미에 있어서 즉각적인 경험의 실체-는 비난의 여지가 없는 것이다. 춥거나 따듯한 것, 슬프거나 기쁜 것, 실망하거나 확신하는 것을 내가 느낄 때, 나는 [실제로] 춥고, 따뜻하고, 슬프고…확신한다. 그래서 내가 춥지 않다는 것을 나에게 증명하려고 시도되는 모든 논증은 경우의 성격상 터무니없는 것이다. 즉각적인 경험은 부정될 수 없고 그릇될 수도 없다." 표면적으로 이 말은 아주 고무적으로 보일 것이다. 이민자는 신속하고 즉각적인 입국허가에 기대가 크다. 하지만 아직 통과해야 할 엘리스 섬Ellis Island이 남아 있다. "그러나 경험의 원초적 자료는 비평받을 수 없다할지라도 그 [경험의 원초적 자료들의] 원인들은 비평을 받을 수 있다. 만일 내가 추운 것이 창문을 열어 놓았기 때문이라든지, 아니면 약 때문에 일어난 환각 상태라든지, 아니면 하나님에 대해 새롭게 일어난 용기 때문이라 고 말한다면 내 주장은 나의 즉각적인 경험 이상의 것이다. 나는 거기에 원인을 부여한 것이고 그 원인은 옳은 것일 수도, 그릇된 것일 수도 있다."[4] 그래서 이민자는 이제 수백 년이고 엘리스 섬에서 기다려야 한다. 말하자면 그리스도를 통해 하나님을 믿는 사람으로서 내가 성령을 통해 거듭난 사람이 되었다고 주장한다고 하자. 심리학자는 이렇게 말할 것이다. '그것은 경험의 원초적인 자료임으로 반박할 수 없다. 그 점은 나도 부인 하지 않는다. 그러나 그것은 나에게 아무런 의미가 없다. 나에게 무슨 의미가 있는 말이 되기 위해선 당신의 경험에 대한 원인을 나에게 부여해야 한다. 그러면 우리는 당신의 경험이 마약 때문인지 아니면 하나님 때문인지 그 원인을 조사해 볼 수 있을 것이다. 당신은 [그 원인이] 하나님이라고 말하고 있다. 하지만 우리 심리학자가 보기에 그것은 불가능하다. 왜냐하면 철학은 하나님을 믿는 것이 논리적으로 이율배반적임을 보여주었기 때문이다. 당신 중

---

4) *God or Man* (New York, 1933), 243.

생의 원인에 대해서 마음을 바꾸면 언제든지 나를 찾아와도 된다. 우리는 언제나 당신이 이민 서류만 보여주면 당신을 우리 영역의 시민으로 기꺼이 영접할 준비가 되어 있다'고 말이다.

 내가 여러분의 기분을 상하게 했다면 그것은 여러분의 환심을 사기 위해서 나의 하나님을 불쾌하게 해서는 아니 되겠기 때문이다. 만일 내가 여러분의 기분을 상하게 하지 않았다면 나는 내가 [믿고 있는] 하나님을 말하지 않은 것이다. 하나님을 믿는 것에 대한 증거를 다룸에 있어서 여러분이 행한 일은 여러분 자신을 하나님으로 격상시킨 일이다. 여러분은 여러분의 지성의 범위를 무엇이 가능하고 무엇이 불가능한가에 대한 규준으로 삼았다. 그래서 이미 여러분은 하나님을 보여주는 그 어떤 사실도 대면하지 않겠다는 의도를 굳게 하였다. 사실들이-점잖은 과학적 그리고 철학적 지위와 함께-사실들이 되기 위해서 사실들은 사실들 위에 창조주 하나님의 도장이 아니라, 여러 분의 도장을 받아야만 되었다.

 물론 여러분이 삼나무나 코끼리를 만든 사람인 것처럼 행동하지 않는다는 것을 내가 잘 알고 있다. 그러나 여러분은 사실상 삼나무나 코끼리가 하나님에 의해서 만들어지진 않았다고 주장하고 있는 것이다. 자주색 소가 되거나 그런 소 보기를 결코 원치 않았던 사람들의 이야기를 들어 보았을 것이다. 보세요, 여러분은 사실상 창조된 사실을 보거나 아니면 창조된 사실이 되기를 결코 원치 않기로 굳게 마음먹었다. 아더 에딩튼 경Sir Authur Eddington처럼 여러분은 "내 그물이 잡지 못하는 것은 생선이 아니다"라고 말하고 있는 것이다. 물론 여러분이 이런 상황에 직접 대면하게 된다 하더라도 여러분의 태도를 [스스로] 변화시킬 수 있다고 나는 생각하지도 않는다. 에디오피아인이 그 피부를 혹은 표범이 그 점을 변화시킬 수 없는 것처럼 여러분도 여러분의 태도를 변화시킬 수 없다. 여러분은 색안경을 여러분 얼굴에 시멘트로 단단히 접합시켰기 때문에 잠잘 때도 그 색안경을 벗을 수 없다. 프로이드Freud는 죄의 죄성이 인간의 마음을 어떻게 다스리는지 감도 잡지 못한 인물이다. 오직 그 위대한 의사만이 십자가에서 그 피의 속죄로 그리고 당신의 성령의 선물로 그 색안경을 벗겨버릴 수 있고, 마침내 여러분은 하나님의 존재에 대한 사실들을 사실들로, 사실들을 증거로, 내재적으로 강력한 증거로 볼 수 있게 될 것이다.

이제 내가 믿는 하나님이 어떤 종류의 하나님이신지 꽤 분명해졌을 것이다. 그 분은 모든 것을 조건 지우시는 하나님이시다. 만물을 창조하신 하나님이시고, 당신의 섭리로 제 어린 시절을 조건 지우셔서 당신을 믿게 하신, 그리고 이후 나의 삶에서 그 은혜로 여전히 당신을 믿게 하시는 분이시다. 그 분은 여러분의 어린 시절도 통제하신 분이신데 아직까지는 여러분으로 하여금 당신을 믿도록 그 은혜를 허락하지 않으신 하나님이시다.

여기에 대해 여러분이 이렇게 반문할 수 있다. "그렇다면 나와 함께 논증하고 논의하고 있을 이유가 어디 있느냐?"고. 충분한 이유가 있다. 만일 여러분이 정말 하나님의 피조물이라면 여러분은 언제나 하나님께 다가갈 수 있다. 나사로가 무덤에 있었을 때에도 그는 자신을 생명으로 호출하신 그리스도께 다가갈 수 있었다. 진정한 설교자들이 의존하고 있는 점이 바로 이것이다. 탕자는 그 아버지의 영향력에서 완전히 벗어났다고 생각했다. 하지만 실제로 그 아버지는 탕자가 가 있는 "먼 나라"까지도 통제하고 있었던 것이다. 추론에서도 이와 마찬가지이다. 하나님에 관한 진정한 논의는 하나님께 기초하고 [전개되는] 논의이며, 그 기초석만이 인간의 모든 종류의 논증에 의미를 부과해 준다. 하나님은 그런 논의를 사용해서, 우리가 확실히 믿기로, 인간의 자율성이라는 독단의 마차를 붕괴시킬 것이다.

여러분의 마음 속 깊은 곳에서 여러분은 내가 말한 것이 진실임을 잘 알고 있다. 여러분의 삶에 통일성이 없다는 것을 여러분이 알고 있다. 여러분이 필요로 하고 있는 통일성을 하나님이 그 경륜으로 제시해 주는 것을 여러분은 원치 않는다. 그런 하나님은 그 어떤 새로운 것을 허용하지 않을 것이라고 여러분은 말한다. 그래서 여러분 자신의 통일성을 스스로 제시한다. 하지만 이런 통일성은 여러분 자신의 정의에 따르면 전적으로 새로운 것을 파괴하지 말아야 한다. 그렇다면 이것은 전적으로 새로운 것과 대치될 수밖에 없으며 결단코 조우할 수 없다는 뜻이다. 여러분의 논리로 여러분은 가능한 것들과 불가능한 것들을 말한다. 하지만 이 모든 이야기는 뜬금없는 것이다. 실체의 세계와 전혀 상관이 없는 말이다. 여러분의 논리는 영원하고 불변하는 문제들을 다룬다고 주장한다. 그리고 여러분의 사실들은 전적으로 변화하는 것들이다. 또한 "이 둘은 결코 만나지 못한다." 그래서 여러분은 여러분 자신의 경험을 난센스로 만들어 버렸다.

반면, 나는 하나님을 믿음으로 내 경험에 있어서 통일성을 소유하고 있다. 물론 여러분이 원하는 종류의 통일성은 아니다. 무엇이 가능한지가 내 자신의 자율적 결심의 결과인 통일성이 아니다. 하지만 내 것보다 높고 내 것보다 우선적인 통일성이다. 하나님의 경륜에 기초해서 나는 훌륭한 물리학자, 훌륭한 생물학자, 훌륭한 심리학자, 혹은 훌륭한 철학자가 될 수 있다. 이 모든 분야에서 나는 피조인이 볼 수 있을 만큼 주어진 위대한 질서를 하나님의 창조 세계에서 보기 위해 나의 논리적 배합의 힘을 사용한다. 내가 만들어 내는 통일성들 혹은 체계들이 사실인 이유는 그것들이 하나님의 경륜에서 발견되는 기본적 혹은 원래적 통일성을 지향하는 진짜 표식점들이기 때문이다.

내 주위를 둘러 보건데 삶의 여러 차원에서 질서와 무질서 모두를 볼 수 있다. 하지만 나는 이들의 배후에 있는 위대한 질서 부여자the Great Orderer의 빛 가운데서 이것들을 본다. 낙관주의의 이름으로 혹은 비관주의의 이름으로 이들을 부인할 필요도 없다. 생물학에 종사하는 열심가들이 골짜기와 언덕을 열심히 두루 다니며 인간과 연관해서 창조론은 사실이 아니라고 증명하려고 하지만, 결국 이들은 돌아와서 찾지 못한 고리를 여전히 찾을 수 없다고 인정하는 것을 본다. 심리학에 종사하는 열심가들이 잠재의식, 어린 아이와 동물의 의식 속으로 깊고 멀게 탐구하면서 인간의 영혼과 연관해서 창조론과 섭리론은 사실이 아니라고 증명하려 하지만, 결국 이들은 돌아와서 인간의 지성과 동물의 지성 사이에 있는 심연은 더욱 더 크다는 것을 인정하고 마는 것을 본다. 논리학과 과학적 방법에 종사하는 열심가들이 전적으로 새로운 것이라는 항상 변화하는 조류에 휩쓸리지 않으려고 선험성의 정당성 속으로 탐구해 가지만, 결국 이들도 돌아와서 논리로부터 실체 혹은 실체로부터 논리에로의 그 어떤 다리를 찾을 수가 없다고 투덜대고 마는 것을 보게 된다. 내가 그들의 보고서들의 겉을 위로 돌려서 인간 대신에 하나님을 그 모든 중심에만 둔다면, 그들이 볼 수 있도록 하나님이 의도하신 사실들의 기막힌 광경을 볼 수 있을 텐데 안타까울 따름이다.

만일 나의 통일성이 충분히 포괄적이어서 그것을 거부하는 사람들의 노력을 포함할 수 있는 것이라면, 이제 그것은 중생으로 똑바로 된 사람들도 볼 수 없었던 것을 포함시키기에 충분히 광범위한 것이다. 나의 통일성은 아버지와 함께 수풀을 거닐고 있는 어린 아이의 통일성이다. 그 아이가 무서워하지 않는 것은 그 아버지가 모든 것을 알고 있고 또 어떤 상황에도 대처할 수 있는 능력이 있기 때문이다. 그래서 나는 하나님을 믿는 것 그리고 자연과 성경에 있는 그 하나님의 계시와 연관해서 내가 풀 수 없는 조금의 "난제들"이 있는 것을 기꺼이 인정한다. 사실 내가 직면하는 모든 사실과 연관해서 모든 관계에 있어서 신비라는 것이 존재한다. 왜냐하면 모든 사실들은 그 최종적 해명에 있어서 나의 생각보다 높은 생각, 나의 길보다 높은 길이신 하나님 안에 내재되어 있기 때문이다. 바로 정확하게 이런 종류의 하나님이 내가 필요로 하는 하나님이시다. 그런 하나님이 없이는 성경의 하나님, 권위의 하나님, 자존하시고 따라서 인간에게 불가이해하신 하나님이 없이는 그 어떤 일에도 이유[의미]를 찾을 수 없다. 그 어떤 인간 존재도 모든 것을 관통하는 의미로 설명할 순 없지만, 하나님을 믿는 사람은 좌우간 거기에는 설명(해명)이 있다고 주장할 권리가 있다.

그래서 여러분이 보시다시피 나는 어린 시절 다방면으로 조건 지워졌다. 하나님을 믿지 않을 수 없었다. 이제 어른이 된 나는 여전히 하나님을 믿지 않을 수 없다. 내가 지금 하나님을 믿는 이유는 모든 것을 조건 지우시는 분이신 하나님이 나에게 없다면 삶은 혼돈이기 때문이다. 내 논증의 마지막에 도달해서 여러분을 회심하게 하는 것이 내 능력 속에 있지 않음을 내가 안다. 내 논증은 견고하다고 생각한다. 나는 하나님을 믿는 것이 단지 다른 것을 믿는 것만큼 합리적이라고 보는 것이 아니다. 불신하는 것 보다 단지 조금 더 그를듯하다거나[개연성], 무한하게 더 그를듯하다고 보는 것도 아니다. 나는 인간이 하나님을 믿지 않는다면 그 어떤 것도 논리적으로 믿을 수 없다고 주장한다. 여러분을 만족시키기 위해 여러분은 생물학자, 심리학자, 논리학자 그리고 성경 비평학자들을 동원해서 내가 말한 모든 것을 소망 없는 한 권위주의자의 순환적 만담으로 격하시킬 수 있음을 내가 안다. 그렇다. 내 만담은 분명 순환적이었다. 모든 것이 하나님을 중심으로 회전했기 때문이다. 자, 이제 나는 여러분을 그 분의 자비하심에, 그 분에게 맡기겠다.

기독교와 자유주의

쟌 그레샴 메이천 지음/ 김길성 옮김/ 신국판/ 184면/ 6,000원

본서는 메이천 박사의 가장 대표적인 역작으로 자유주의 신학에 호감을 갖고 방황하는 지성인들에게 정통 기독교의 핵심을 명쾌하게 보여주며, 자유주의는 기독교와 다른 종교임을 설득력 있게 증명해 주고 있다. 독자들은 지금도 생생한 이 논쟁을 통해 정통 기독교를 변호할 능력을 갖게 될 것이다.

구원이란 무엇인가
-바울과 구원의 서정-

리챠드 B. 개핀 지음/ 유태화 옮김/ 변형신국판 양장/ 208면/ 10,000원

본서는 바울 구원론의 심장이 칭의나 양자됨, 혹은 성령의 내주나 성화와 같은 구원서정의 한 측면으로 환원될 수 있는 것이 아니라, 나를 대신하여 십자가에서 죽으시고 부활하신 "그리스도의 인격적인 연합"에 있다는 사실을 설득력 있게 보여준다. 구원의 서정과 구원의 역사의 관계를 성공적으로 풀어낸 책으로, 바울 구원론과 바울서신의 핵심을 파악하는데 좋은 안내서가 될 것이다.

코넬리우스 반틸의 조직신학 서론

코넬리우스 반틸 지음/ 이승구 & 강웅산 옮김/ 신국판/ 512면/ 15,000원

미국 웨스트민스터 신학교에서 변증학을 가르친 코넬리우스 반틸은 이 책에서 계시, 성경, 하나님에 관한 교리를 다루며 기독교 신앙의 변증과 개혁주의 신학의 토대를 제공한다. 그의 신학은 성경중심의 신학이며, 개혁주의 신학을 그 특징으로 한다. 이번에 새로 출간된 제2판은 웨스트민스터 신학교 교수인 윌리엄 에드가 박사의 풍부한 설명을 담은 주석과 많은 자료들을 첨가하여 나온 것이다.